Allgemeine Ausgabe

Erarbeitet von
Mechtilde Balins
Rita Dürr
Nicole Franzen-Stephan
Petra Gerstner
Ute Plötzer
Anne Strothmann
Margot Torke
Lilo Verboom

Illustriert von
Cleo-Petra Kurze
Martina Theisen

Oldenbourg Schulbuchverlag, München

Inhaltsverzeichnis

Zahlen   Rechnen   Geometrie   Sachrechnen   Daten und Zufall

1 Erzähle.

2 Schreibe Jettes Zahlen.

Hallo, ich heiße Jette. Ich bin mit Justus in einer Klasse.

Meine Zahlen

31

7355821

Und deine Zahlen?

Bei Fredo zu Hause

1 Wo ist Fredo?

2 Welche Tiere siehst du? Wo sind sie?

links – rechts
oben – unten
auf – unter
vor – hinter
über – unter
vorne – hinten
zwischen
neben

Zum Vorlesen:
Fredo ist ein Nasenbär.
Nasenbären gibt es nur in Südamerika.
Dort leben sie in Wäldern. Sie können gut klettern und schwimmen.
Sie haben eine lange Schnauze und einen buschigen Schwanz.
Nasenbären fressen fast alles: Früchte, Insekten und Eier.

3 Finde diese Ausschnitte im großen Bild.

 Wo könnte Fredo sich verstecken? Male.

4 Kreise ein: links vom

Kreise ein: rechts vom

Kreise ein: vor dem

Kreise ein: hinter dem

5 Kreise ein: ◯ auf der ▭ ◯ unter der ▭

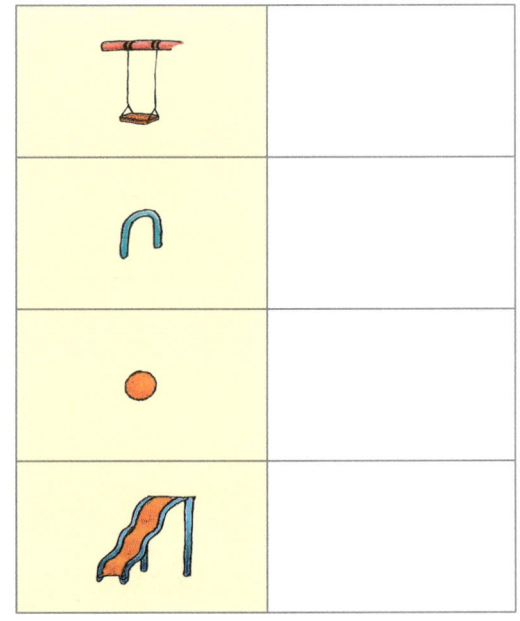

1 Was siehst du auf dem Schulhof?

2 Zähle.

⬛ bench	IIII	🔶 swing	
water fountain		∩	
🌳 tree		🟠	
🏀 basketball hoop		🛝 slide	

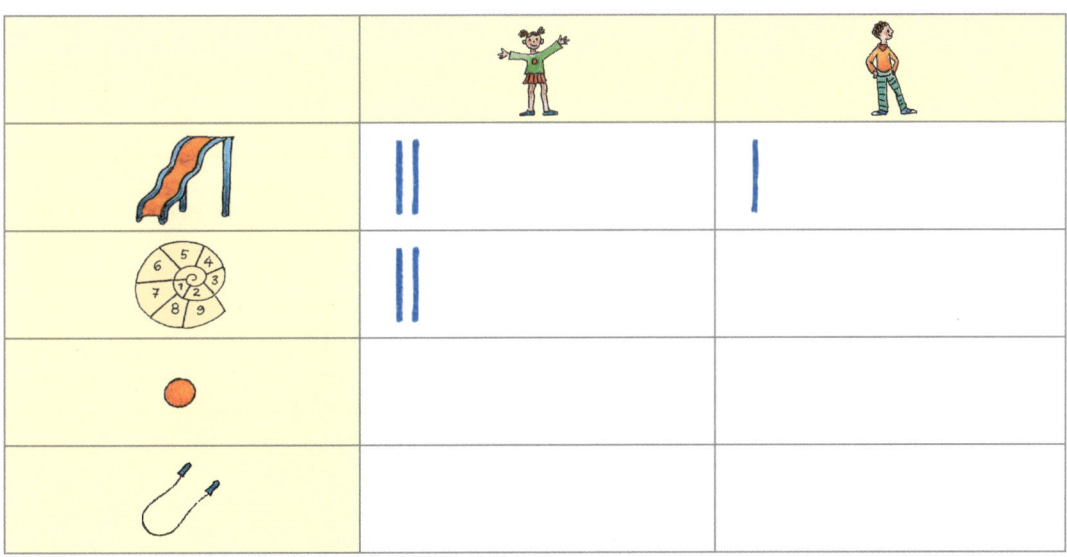

3 Das spielen die Kinder:

	👧	🧑
🛝	II	I
(Hüpfspiel 6 5 4 7 1 3 8 9 2)	II	
🔴		
(Springseil)		

Stimmt das? Zähle nach und ergänze.

4 Was siehst du auf deinem Schulhof? Zähle.

▢ Was spielst du am liebsten?
Male dich auf dem Schulhof.

Ich mache es so.

1 Verbinde.

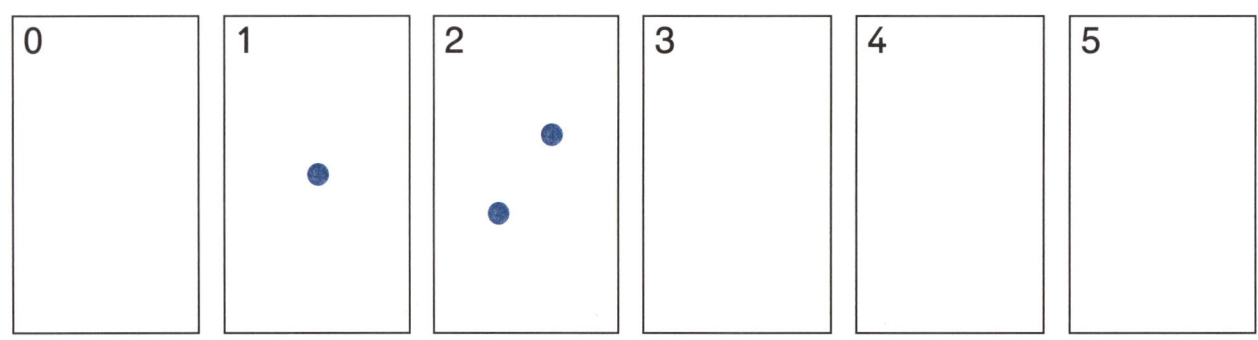

0	1	2	3	4	5
	I	II			

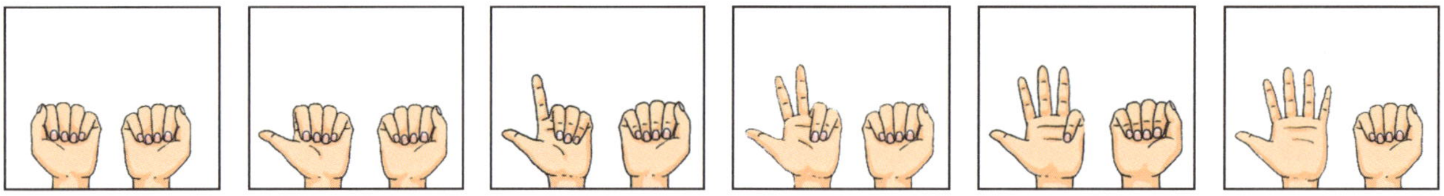

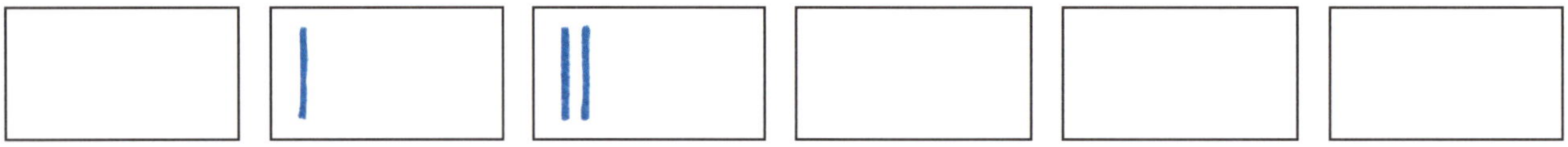

2 Male.

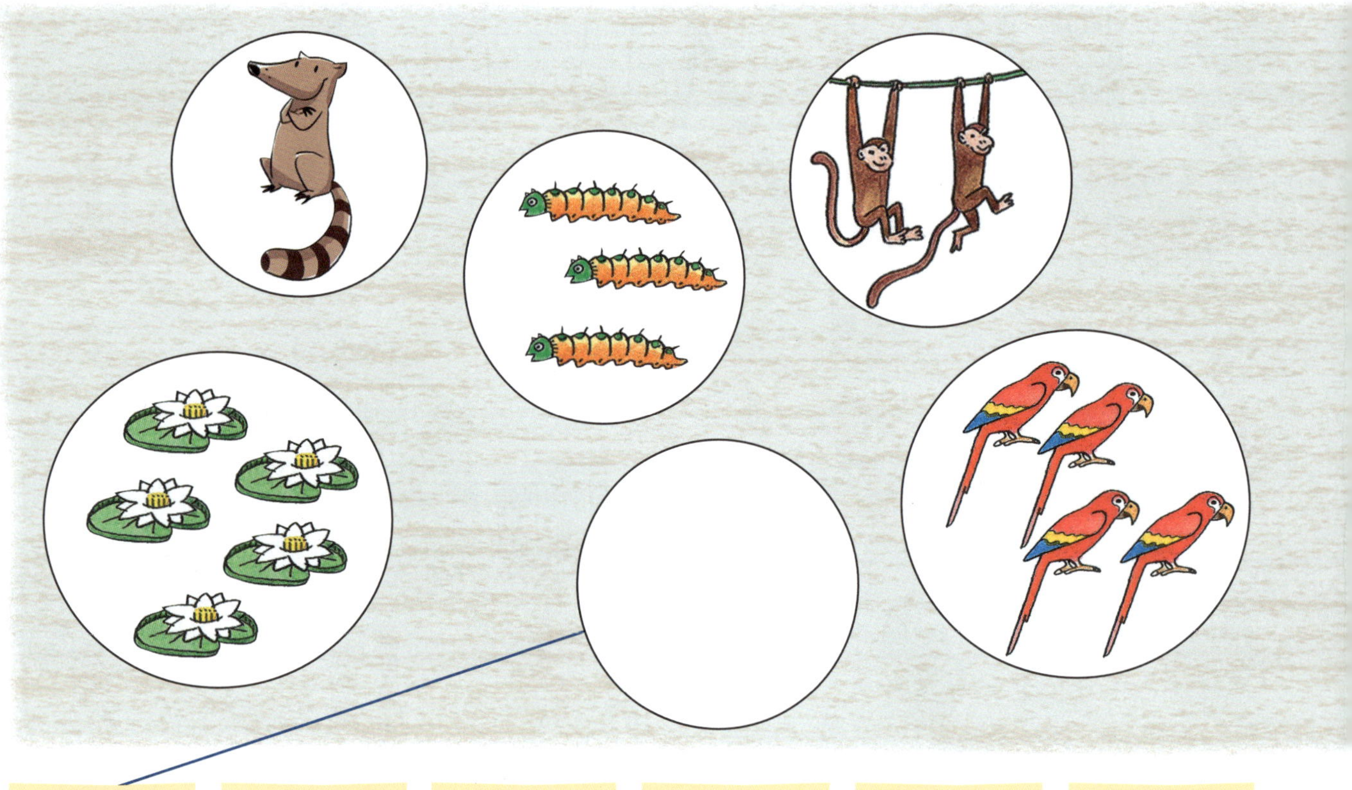

0	1	2	3	4	5

6	7	8	9	10

Welche Zahlen kennst du noch? Schreibe und male.

1 Spielt wie Justus und Jette „Schnellblick".

2 Wie viele sind es?

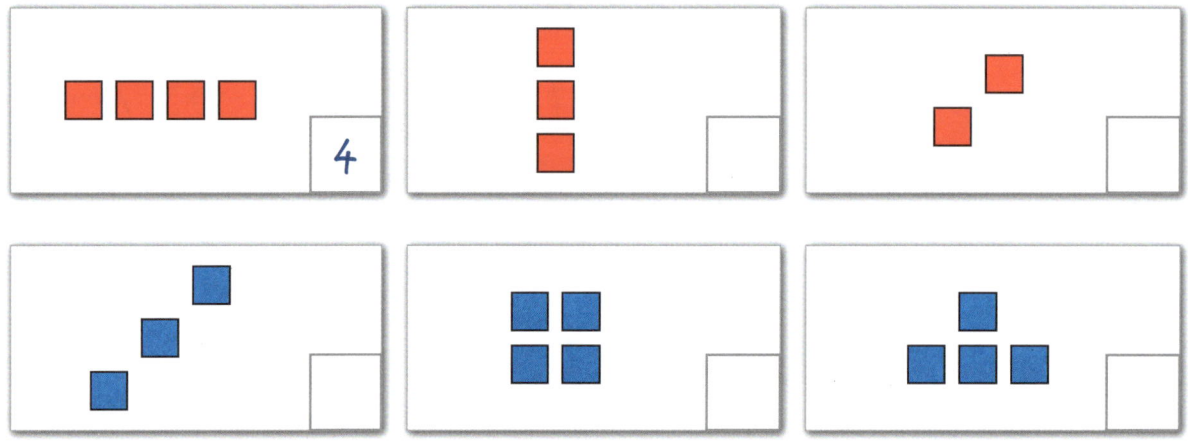

3 Wie viele sind es?

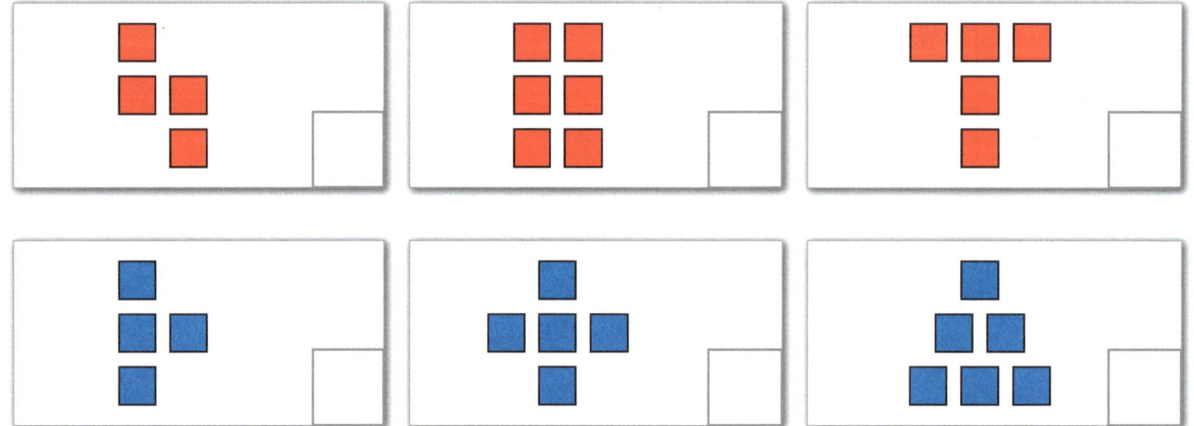

4 Immer 6.

1 Spure die Zahlen nach.

2 Finde die Zahlen 1, 3 und 5. Spure sie nach.

3 Finde die Zahlen 5, 6 und 7. Spure sie nach.

4 Finde die Zahlen 2, 4 und 8. Spure sie nach.

0	1	2	3	4	5	6	7	8	9
1	2	3	4	5	6	7	8	9	0
2	3	4	5	6	7	8	9	0	1
3	4	5	6	7	8	9	0	1	2
4	5	6	7	8	9	0	1	2	3
5	6	7	8	9	0	1	2	3	4
6	7	8	9	0	1	2	3	4	5

 1 Schau dir das Bild an. Beschreibe, was du siehst.
Was ist das Besondere an dem Bild?

2 Erfinde eigene Muster mit Zahlen.

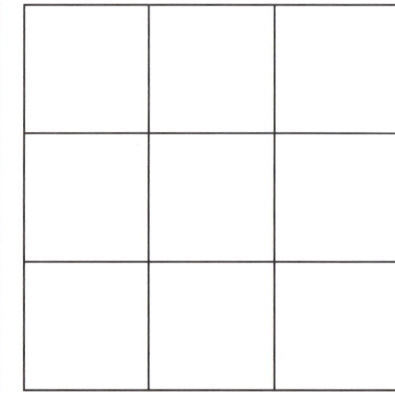

6	3	6
3	6	3
6	3	6

das Muster
abwechselnd
immer

 1 Was machen Jette und Justus? Erzähle.

2 Lege das Muster nach. Male ab und setze fort.

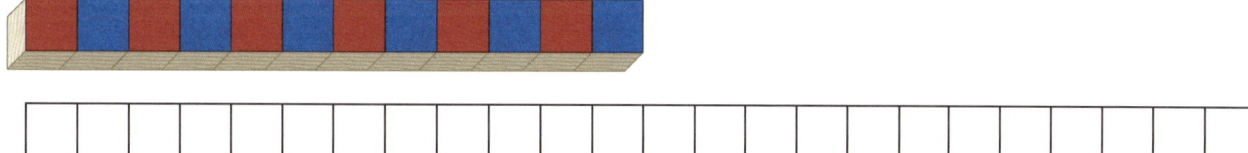

3 Muster mit Würfeln: Beschreibe die Muster.
Lege die Muster nach. Male ab und setze fort.

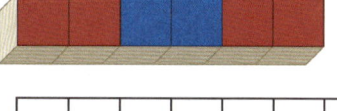

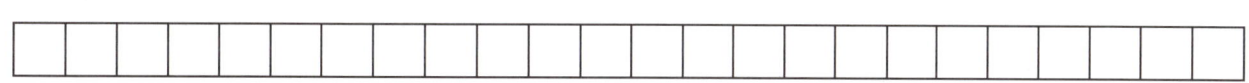

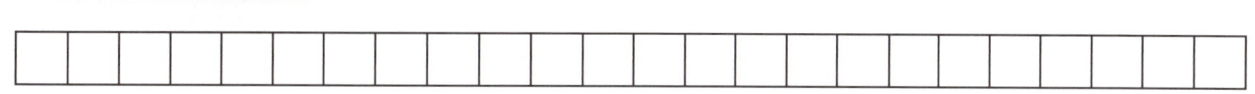

4 Wie geht es weiter?
Lege die Muster nach. Male ab und setze fort.

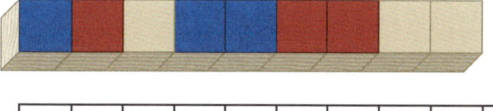

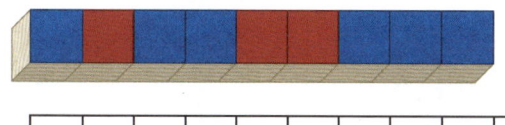

Finde eigene Muster. Lege und male.

1 Lege Figuren.

2 Lege nach. Achte auch auf die Farben.

Immer 6

Immer 10

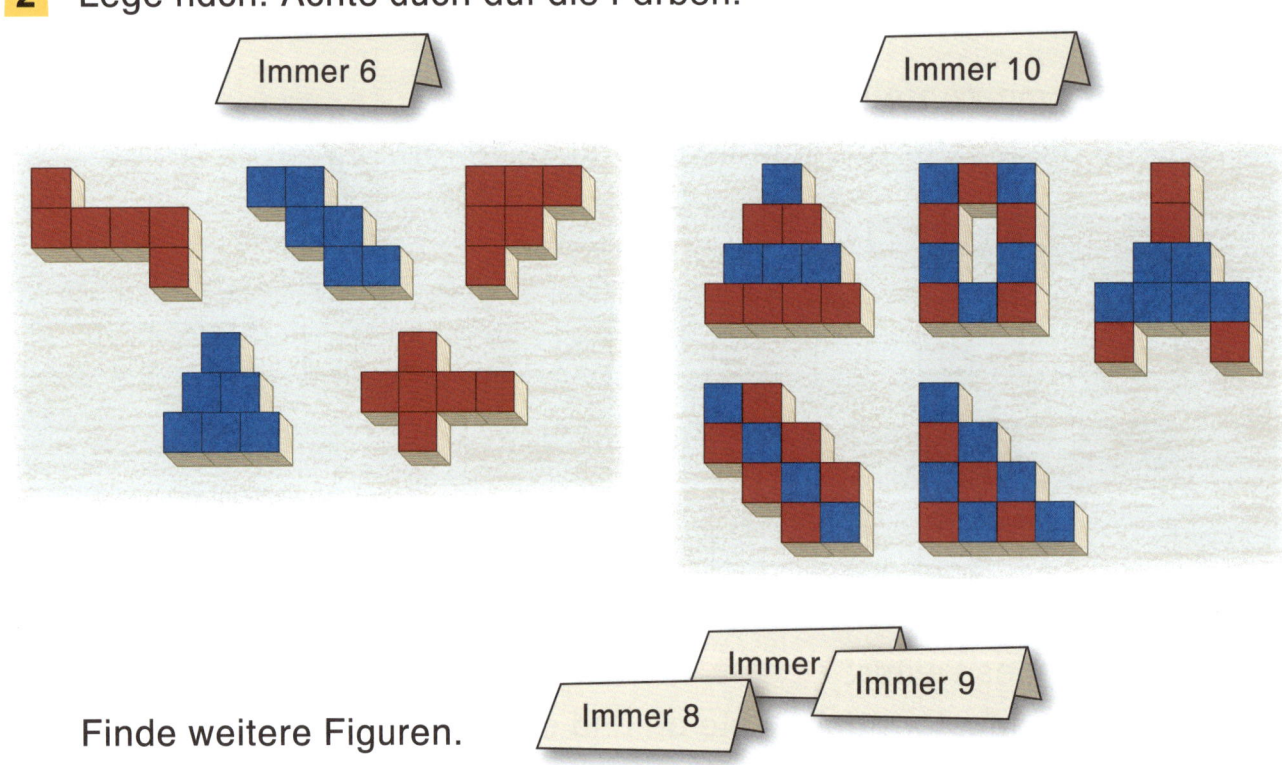

Finde weitere Figuren.

Immer 8   Immer   Immer 9

3 Spielt wie Justus und Jette.

Du kannst die Augen wieder aufmachen.

4 Zeichne Pläne.

5 Lege nach.

Male selbst Pläne. Dein Partner baut nach.

1 Erzähle.

mehr als
weniger als
gleich viele

genug
nicht genug

2 Genug?

3 Genug?

4 Genug?

5 Genug?

6 Genug?

3 🔴 für 6 🧍

😊 ☹️

Das können die Kinder tun. Erkläre.

---

7 Genug?

☐ 🔴 für ☐ 🧍   😊 ☹️

🖌 Was können die Kinder tun? Male ein Bild.

---

8 Genug?

☐  für ☐ 🧍   😊 ☹️

🖌 Was können die Kinder tun? Male ein Bild.

📖 Male eine eigene Geschichte zu „Genug?".

Gleich viele Würfel. Neu würfeln!

1 Wie geht das Spiel „Hamstern"? Erzähle.
Spiele „Hamstern" mit einem Partner.

2 Wie viele Würfel mehr?

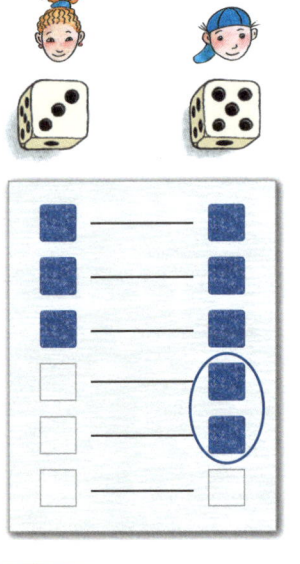

2   ■ für 🧢

    ■ für 👧

    ■ für 👧

Justus hat 2 Würfel **mehr** als Jette.

Jette hat 2 Würfel **weniger** als Justus.

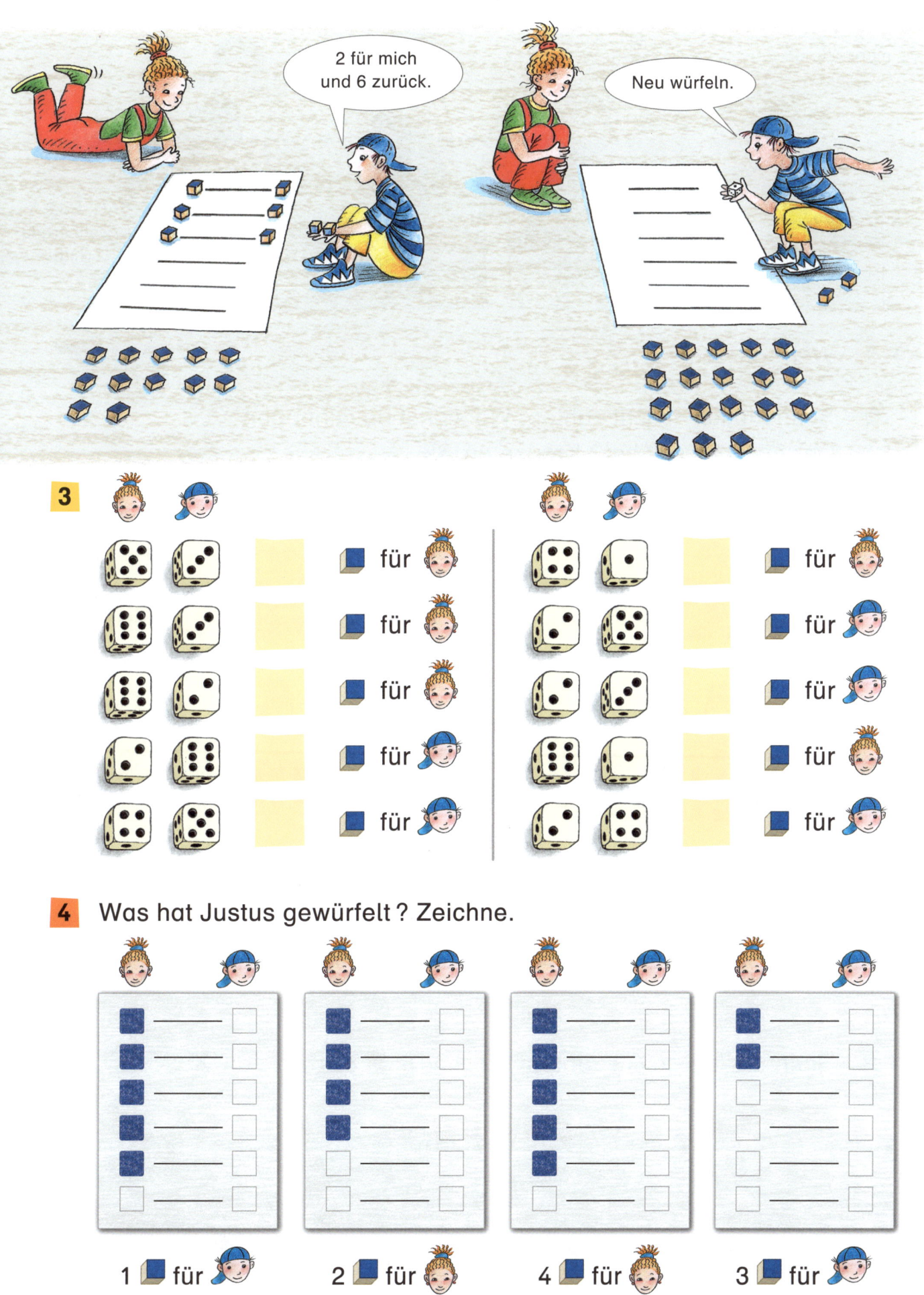

3

4 Was hat Justus gewürfelt? Zeichne.

1 für 🧢   2 für 👧   4 für 👧   3 für 👧

21

1 Wer hat recht?

2 Schnellblick – nicht zählen! Wo siehst du schneller,
wer mehr Würfel hat? Kreuze an ☒.

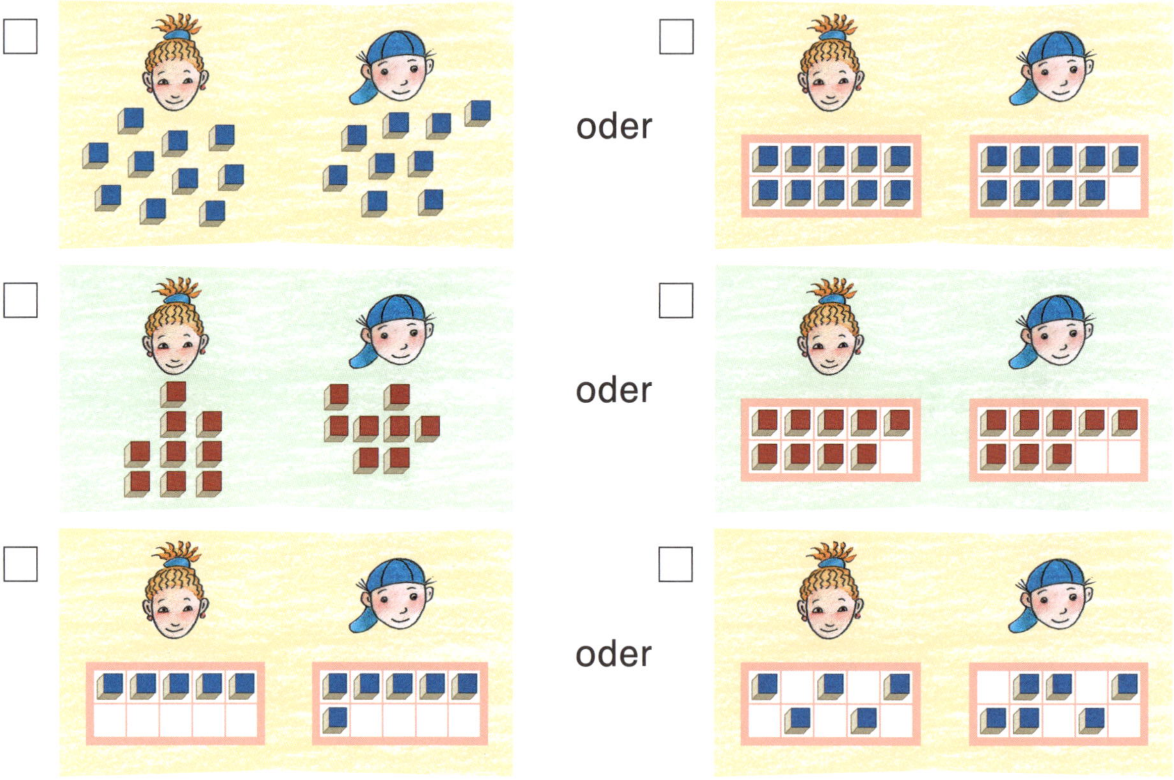

☐ oder ☐

☐ oder ☐

☐ oder ☐

3 Schnellblick – nicht zählen! Wo sind 5 🟫? Kreuze an ☒.

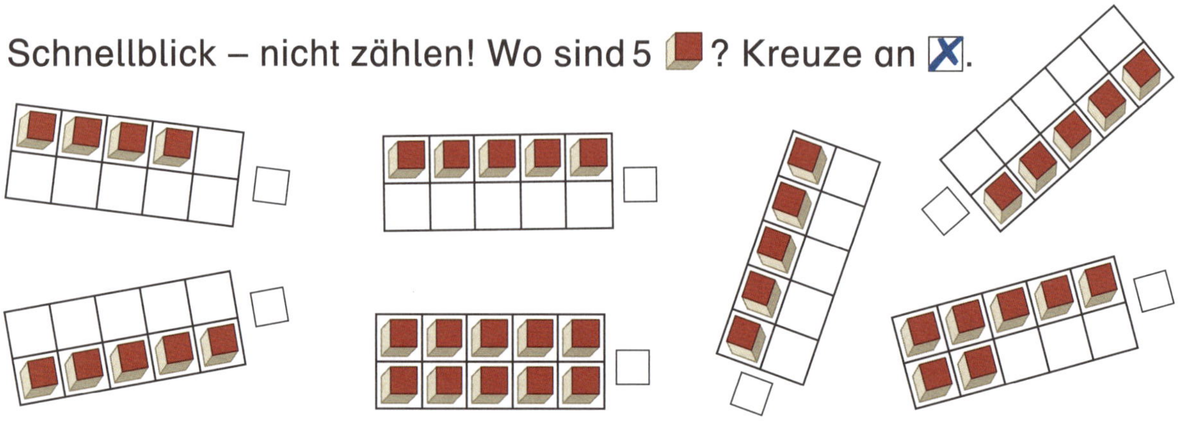

➡ Beilage zum Schülerbuch: Zehnerfeld

1 Male an.

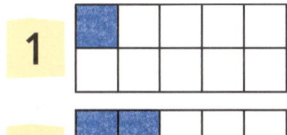
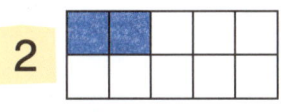
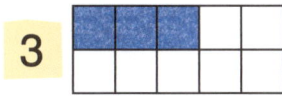
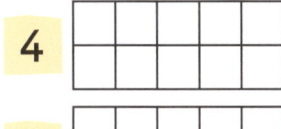
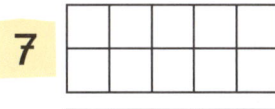
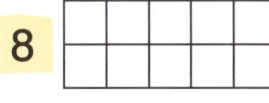

2 Wie viele sind es?

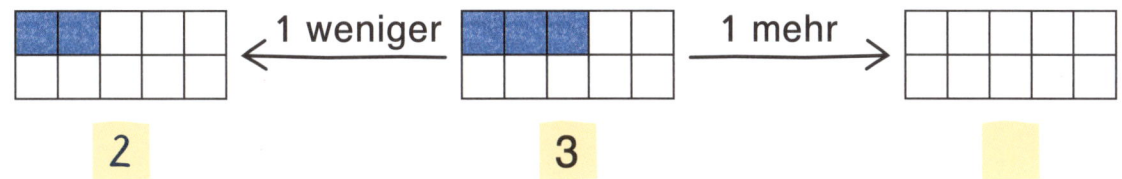

2 ← 1 weniger — 3 — 1 mehr →

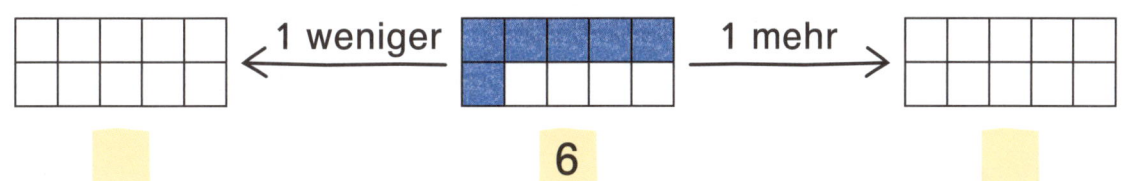

← 1 weniger — 6 — 1 mehr →

3 Wie viele sind es?

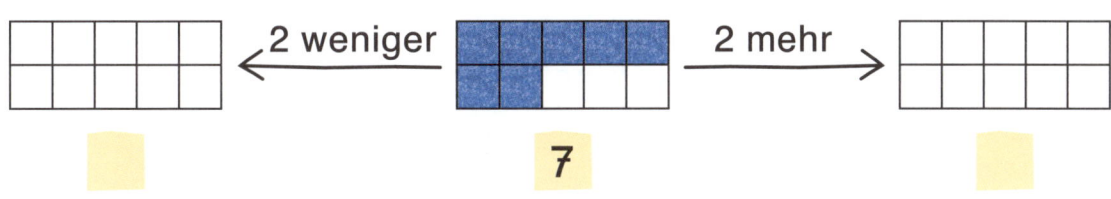

← 2 weniger — 7 — 2 mehr →

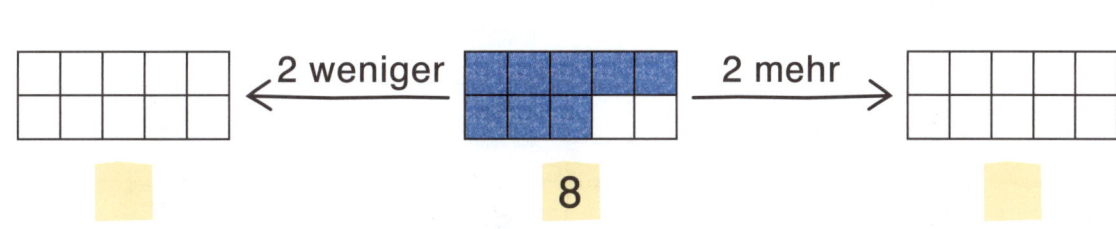

← 2 weniger — 8 — 2 mehr →

1 Spielt wie Jette und Justus.

direkt vor
direkt nach
zwischen
die kleinere Nachbarzahl
die größere Nachbarzahl

2 Wie heißt die Nachbarzahl?

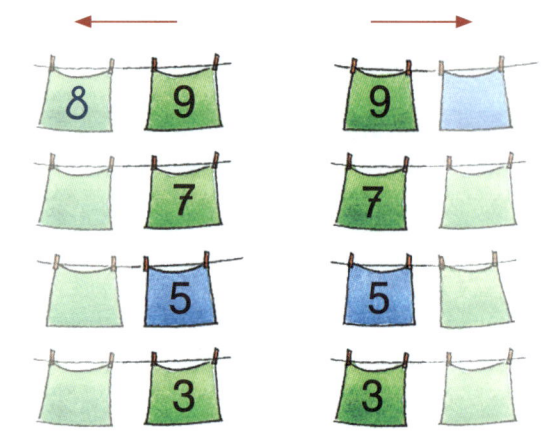

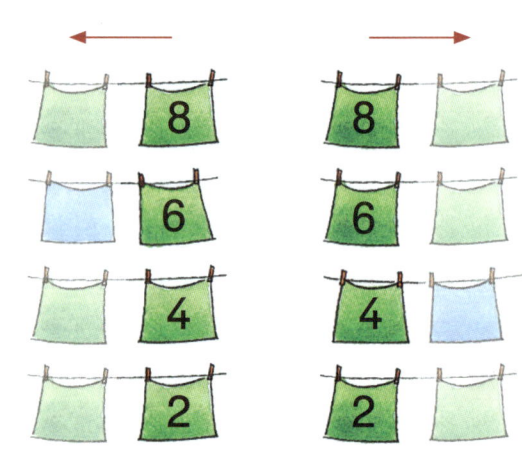

3 Wie heißen die Nachbarzahlen?

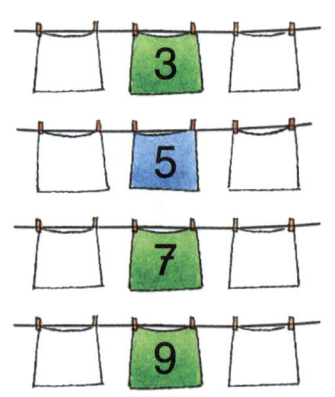

➡ Beilage zum Schülerbuch: Zahlenkarten

4 Wie geht es weiter?

1	2	3		
5	6			
2				
7				
6				

5				
5				
5				
5				
5				

		6	7	8
				10
				9
				5
				4

5 Trage die Nachbarzahlen ein.

	4	
	8	

	2	
	6	

2		4
8		10

6 Wie geht es weiter?

2	4	6		
1	3	5		

	6	8	10
	5	7	9

10	12	14		
		15	17	19

7

2 vor ← → 2 nach

	4	
	7	
	9	
	5	

2 vor ← → 2 nach

	6	
	8	
	3	
	2	

3 vor ← → 3 nach

	4	
	7	
	6	
	5	

Wie weit kannst du zählen?

1, 2, 3, 4 …

10, 9, 8 …

Juhu! 6 ist größer als 2.

Oje, 2 ist kleiner als 6.

> **Zahlen vergleichen**
> 6 **ist größer als** 2.
> 2 **ist kleiner als** 6.
> 1 **ist gleich** 1.

1 Wie geht das Spiel? Erkläre.
Spielt wie Jette und Justus.

2 Welche Zahl ist größer?

(6) 2   3 6   4 3   1 5

5 2   1 3   2 4   5 6

3 Welche Zahl ist kleiner?

(2) 6   3 2   2 4   1 2

4 3   5 4   3 6   5 2

4 Jetzt bis 10.

Welche Zahl ist größer?   Welche Zahl ist kleiner?

4 (8)   9 6   6 (5)   9 3

3 1   5 2   6 3   2 7

9 4   8 0   4 6   6 8

So **sprechen** die Mathematiker.

So **schreiben** die Mathematiker.

5 ist größer als 2.	5 > 2
3 ist kleiner als 8.	3 < 8
3 ist gleich 3.	3 = 3

5 Übe.

> < =

>		>		
<				
=				

6 Vergleiche: >, <, =

3 ◯ 4   7 ◯ 5   5 ◯ 4   9 ◯ 9

4 ◯ 3   7 ◯ 6   6 ◯ 5   9 ◯ 1

6 ◯ 2   7 ◯ 7   8 ◯ 6   9 ◯ 10

2 ◯ 6   7 ◯ 8   7 ◯ 9   9 ◯ 5

7 Finde passende Zahlen.

__ < 5   __ > 5   __ > 4   __ > __

__ < 5   __ > 5   __ < 7   __ > __

__ < 5   __ > 5   __ > 6   __ = __

__ < 5   __ > 5   2 < __   __ < __

__ < 5   __ > 5   5 = __   __ < __

8 Nimm nur: 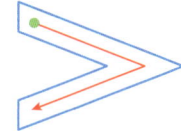   . Finde alle Möglichkeiten.

__ > __   __ > __   __ > __   __ > __

__ > __   __ > __   __ > __   __ > __

__ > __   __ > __

1　Wie könnte man die Schokolade noch zerteilen?

2　Was passt? Kreuze an.

das Ganze	die Teile		
	☐	☐	☐
	☐	☐	☐
	☐	☐	☐
	☐	☐	☐

3 Was passt? Kreuze an.

das Ganze	die Teile		
Justus	Ju | tus ☐	Jus | ustus ☐	Jus | tus ☐
(Schokoladentafel)	☐	☐	☐	☐
(Dose mit Erbsen)	☐	☐	☐	
(roter Balken)	☐ ☐	☐ ☐		

4 Was passt? Kreuze an.

☐   ☐   ☐

📖 Male eigene Bilder zu „Ein Ganzes – mehrere Teile".

schütteln und schauen	malen und schreiben

Ich habe die 5 **zerlegt**: in 3 und 2.

3 + 2

3 plus 2

1 Wähle Schachteln aus. Schüttle, schaue, male und schreibe.

<u>2</u> + <u>1</u>

__ + __

__ + __

__ + __

__ + __

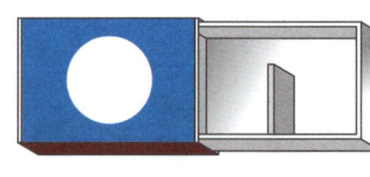

__ + __

__ + __

__ + __

__ + __

2 Finde verschiedene Möglichkeiten.

 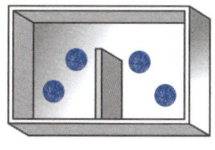 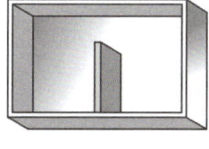 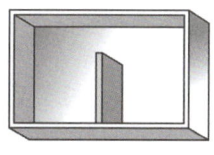

__2__ + __2__   ___ + ___   ___ + ___

 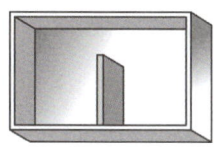 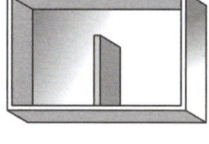 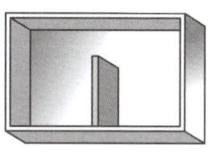

___ + ___   ___ + ___   ___ + ___

3 Finde verschiedene Möglichkeiten.

   ___ + ___   ___ + ___   ___ + ___

   ___ + ___   ___ + ___   ___ + ___

4 Ordne zu. Verbinde.

| 3 + 3 | 2 + 5 | 4 + 1 | 7 + 2 | 2 + 6 |

| 4 + 3 | 3 + 2 | 4 + 2 | 3 + 6 | 1 + 7 |

Schüttle die Schachtel mit deiner Lieblingszahl.
Finde möglichst viele Aufgaben.

31

1 Spiele mit einem Partner „Wie viele sind versteckt?".

2 Wie viele sind versteckt?

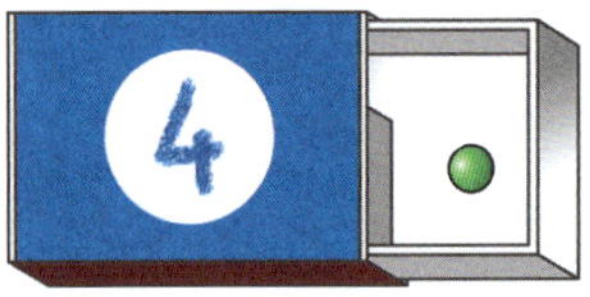

4	**5**	**7**
__ + 1	__ + 2	__ + 5
4	**5**	**7**
__ + 2	__ + 3	__ + 4
4	**5**	**7**
__ + 3	__ + 4	__ + 3
4	**5**	**7**
__ + 4	__ + 5	__ + 2

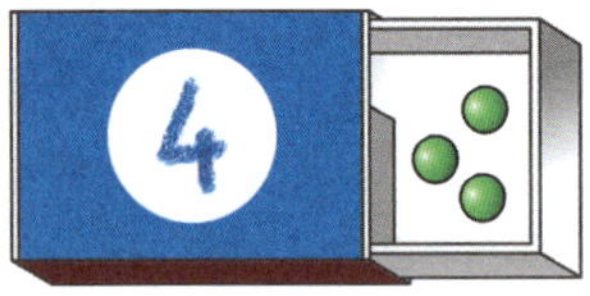

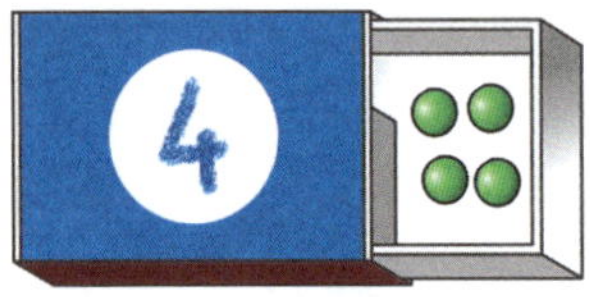

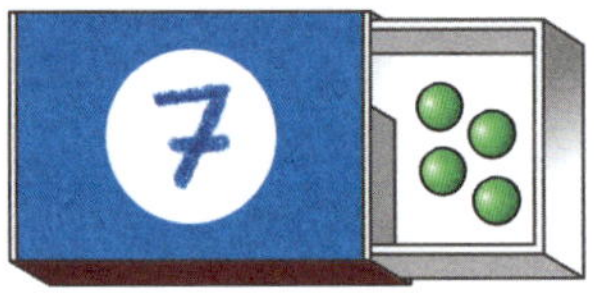

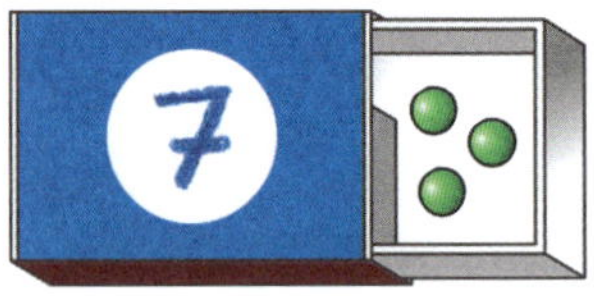

3 Wie viele fehlen? Was fällt dir auf?

 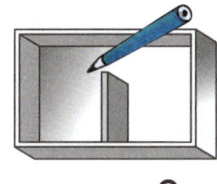 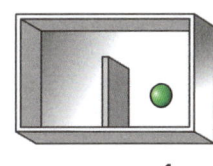 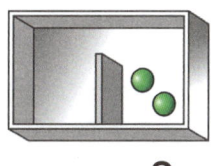

__ + 0   __ + 1   __ + 2

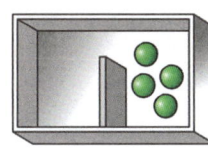 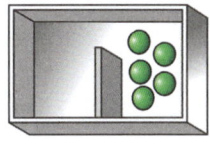 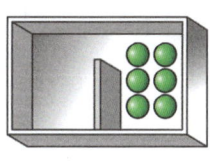

__ + __   __ + __   __ + __   __ + __

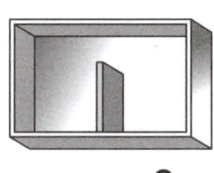 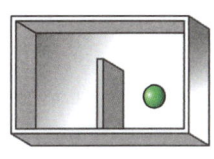 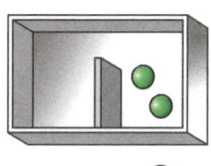

__ + 0   __ + 1   __ + 2

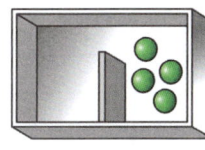 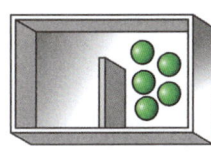 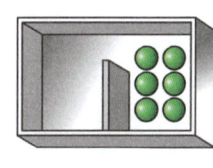 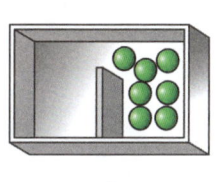

__ + __   __ + __   __ + __   __ + __   __ + __

4 Wie viele fehlen?

__ + 2   __ + 0   __ + 6   __ + 8

5 + __   3 + __   1 + __   7 + __

__ + 4   __ + 7   __ + 3   __ + 6

1 + __   2 + __   5 + __   0 + __

Finde selbst Aufgaben. Male und schreibe.

 1 Kannst du Justus helfen? Erkläre.

 2 Spielt das Spiel „Hoppla".

 3 Welche Aufgabe fehlt?
Male und schreibe.

 4 Ordne die Aufgaben zur 5.
Male an und schreibe.

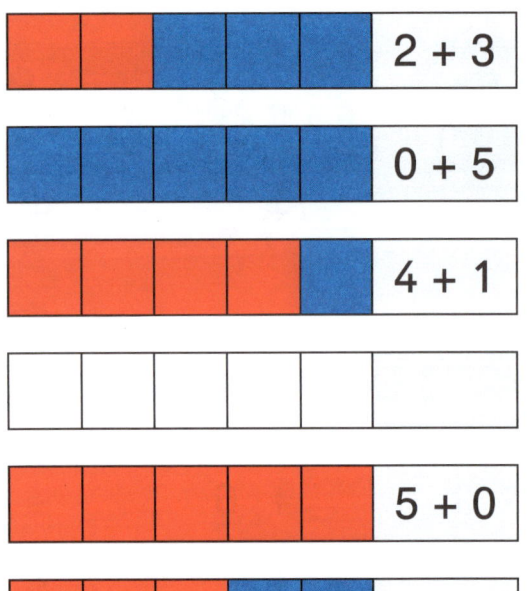

	2 + 3
	0 + 5
	4 + 1
	5 + 0
	3 + 2

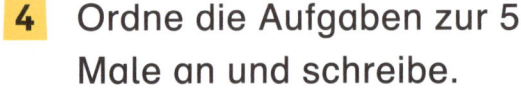 Habt ihr alle die gleiche
Ordnung?
Vergleicht eure Lösungen.

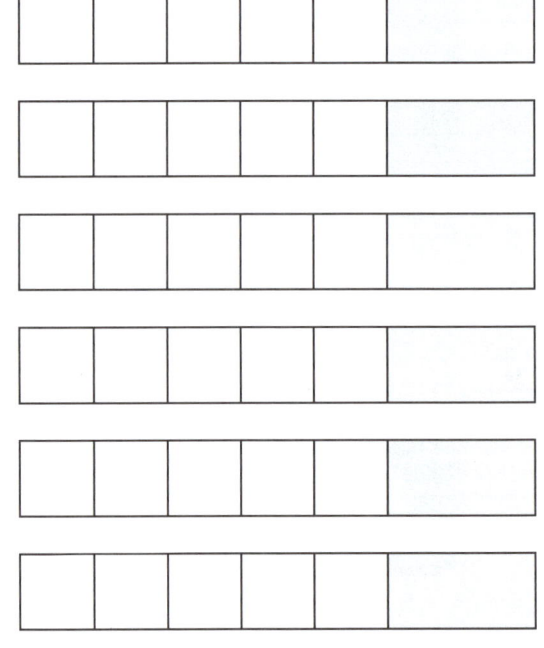

immer mehr
immer weniger

Mit Ordnung habe
ich den Überblick.

→ Beilage zum Schülerbuch: Zerlegungsstreifen zur 5

5 Finde alle Aufgaben zur 4. **6** Finde alle Aufgaben zur 7.

7 Bastelt Zerlegungsstreifen zur 4 , zur 7 oder zur 10 .
Erfindet ein anderes Spiel mit den Streifen, und stellt es eurer Klasse vor.

8 Schreibe alle Aufgaben auf:

Aufgaben zur 6　　　　　　　　　　　　　　Aufgaben zur 8

_____　　　　　　　　　　_____

_____　　　　　　　　　　_____

_____　　　　　　　　　　_____

_____　　　　　　　　　　_____

_____　　　　　　　　　　_____

_____　　　　　　　　　　_____

_____　　　　　　　　　　_____

Wie viele Linien brauchst du hier?

Paul Klee: Bauhaus

1 Wo findest du diese Ausschnitte? Zeige sie einem Partner.

das Viereck	die Flächenform
die Ecke	der Kreis
die Seite	das Dreieck
gleich lang	das Rechteck
rund	das Quadrat
eckig	

2 Welche Flächenformen hat Paul Klee verwendet? Wie heißen sie?

3 Das sind alles Dreiecke:

Ist das auch ein Dreieck?

Suche diese Dreiecke im Bild. Zeige und beschreibe.

4 Das sind alles Vierecke:

Suche diese Vierecke im Bild. Zeige und beschreibe.

 5 Schau dir die beiden Flächenformen von Fredo an.
Was ist gleich? Was ist anders?

6 Welches Viereck: Rechteck oder Quadrat ? Male an.

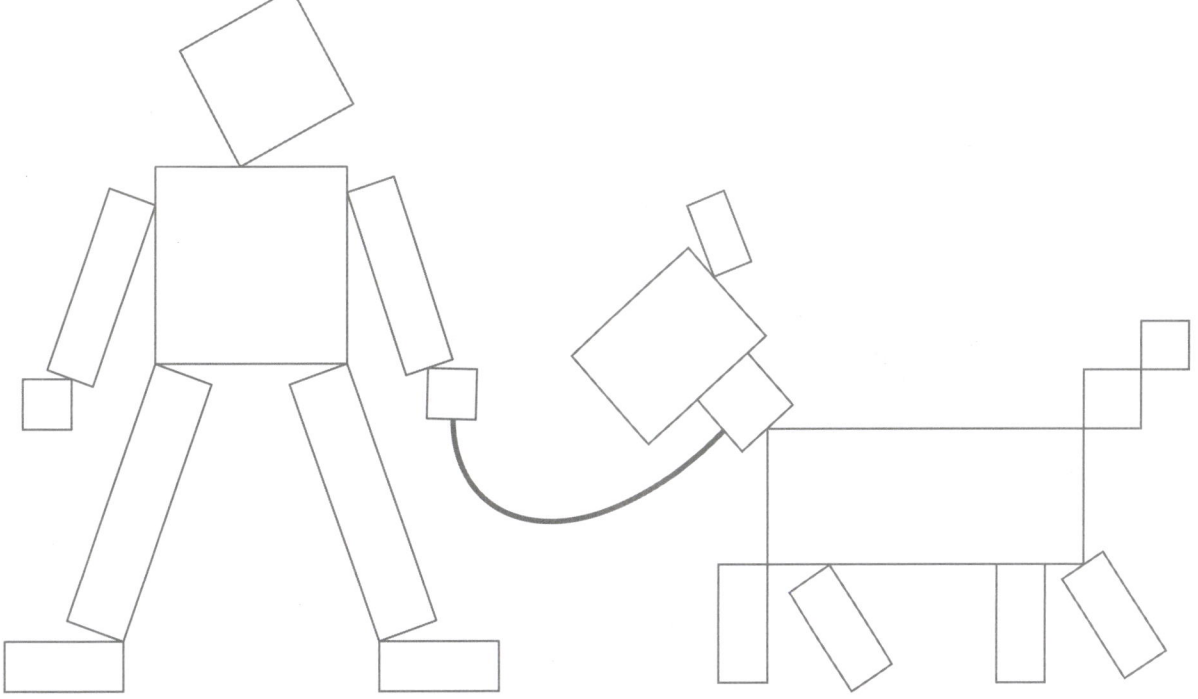

Schneide aus Zeitschriften Formen aus: , , , .
Sortiere sie und klebe sie auf.

+ plus
− minus

 **1** Spielt das Spiel „10 gewinnt".

2 So haben Justus und Jette gespielt. Erkläre.
Trage ein: (+) plus oder (−) minus.

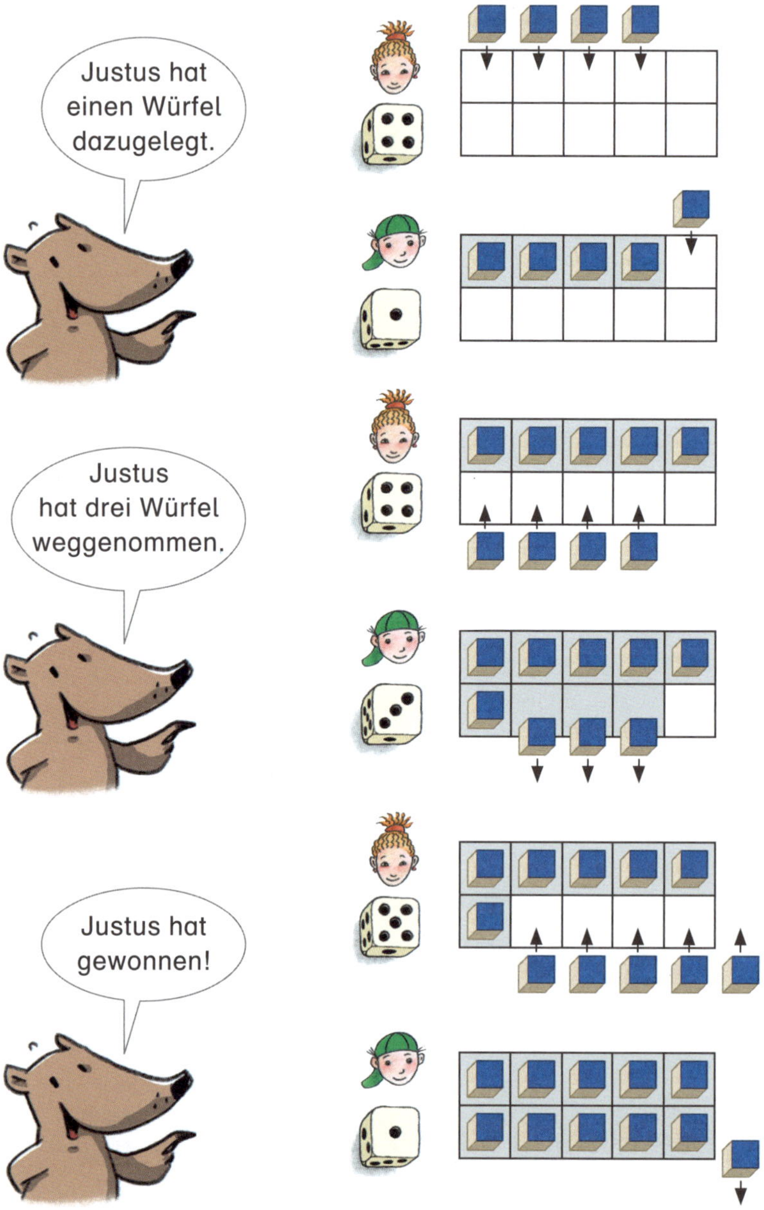

Justus hat
einen Würfel
dazugelegt.

Justus
hat drei Würfel
weggenommen.

Justus hat
gewonnen!

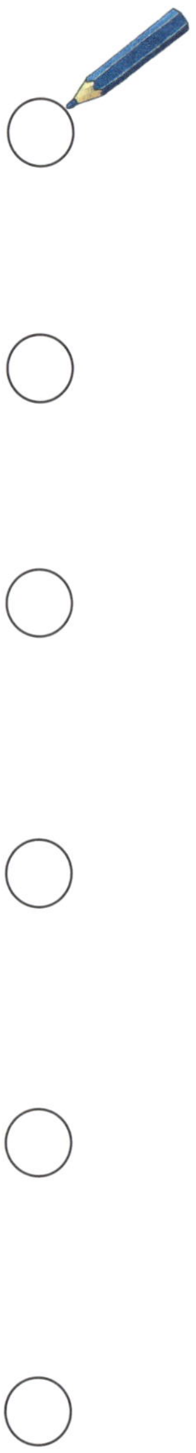

Beilage zum Schülerbuch: Zehnerfeld

3 Schreibe die Rechnungen dazu.

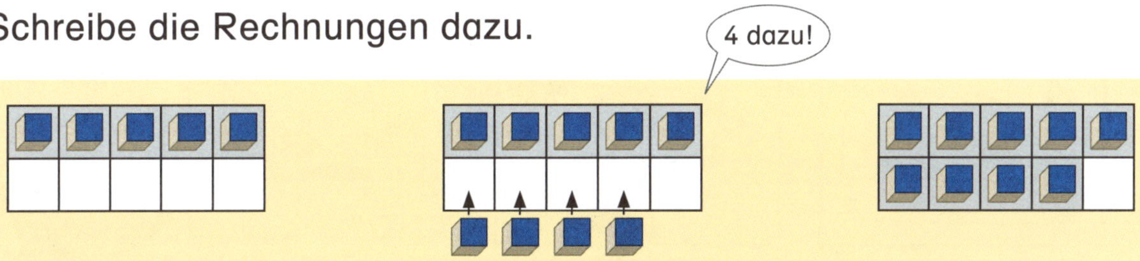

4 dazu!

5        $\left(+ \right)$ 4   = ____

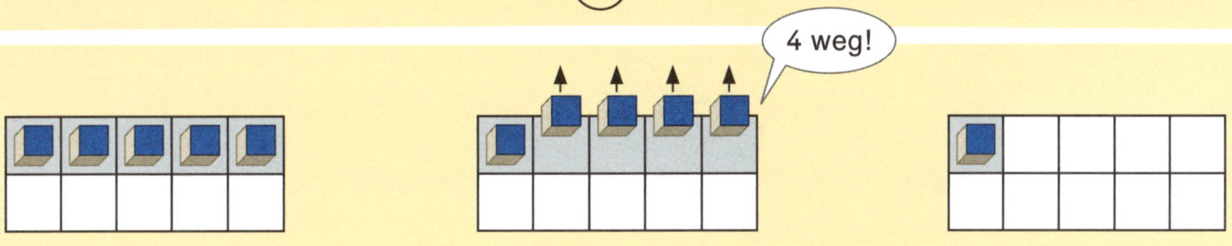

4 weg!

____ $\bigcirc$ ____   = ____

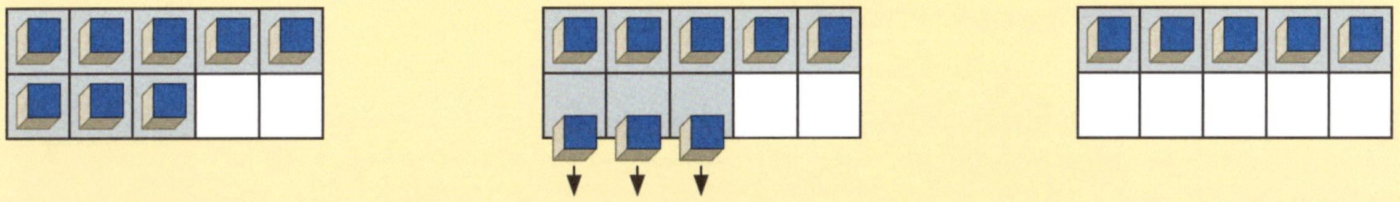

____ $\bigcirc$ ____   = ____

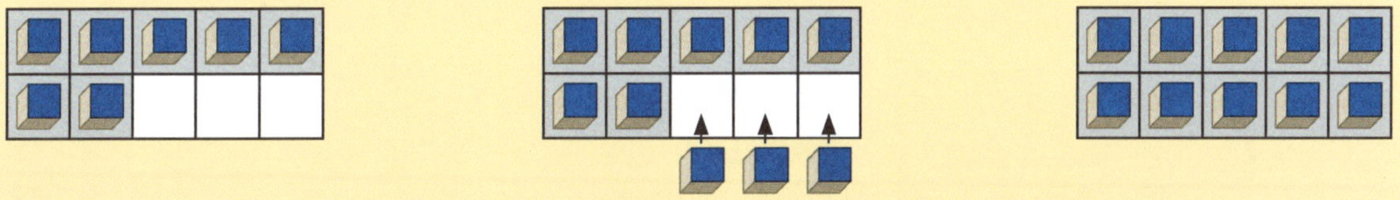

____ $\bigcirc$ ____   = ____

Plus 1

Du könntest auch minus 1 rechnen.

4 $\oplus$ oder $\ominus$?
Lege, würfle und entscheide.

8 $\ominus$ 1 = 7   6 $\bigcirc$ ___ = ____

5 $\bigcirc$ ___ = ____   7 $\bigcirc$ ___ = ____

3 $\bigcirc$ ___ = ____   9 $\bigcirc$ ___ = ____

4 $\bigcirc$ ___ = ____   2 $\bigcirc$ ___ = ____

5 Was musst du würfeln, um zu gewinnen?

8 $\bigcirc$ ___ = 10   14 $\bigcirc$ ___ = 10   5 $\bigcirc$ ___ = 10   6 $\bigcirc$ ___ = 10

13 $\bigcirc$ ___ = 10   4 $\bigcirc$ ___ = 10   12 $\bigcirc$ ___ = 10   15 $\bigcirc$ ___ = 10

1 Erzähle zum Bild. Was meint Fredo?

2 Klebe zwei Dreibild-Geschichten auf. Schreibe die Rechnungen.

3 Finde eine Plus-Geschichte und klebe sie auf.

40

Beilage zum Schülerbuch: Bilder für Dreibild-Geschichten

4 Finde eine Minus-Geschichte und klebe sie auf.

___ ⊖ ___ = ___

5 Plus oder minus? Erzähle und rechne.

8 ⊖ ___ = ___

___ ◯ ___ = ___

___ ◯ ___ = ___

6 Wie geht es weiter? Male.

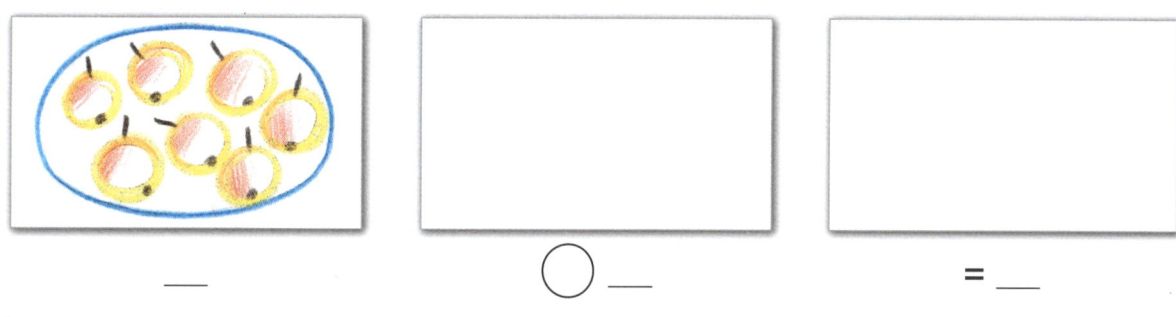

___ ◯ ___ = ___

Male eigene Dreibild-Geschichten zu 3 + 5 und 6 − 3 .

AH S. 22   FH S. 33–34

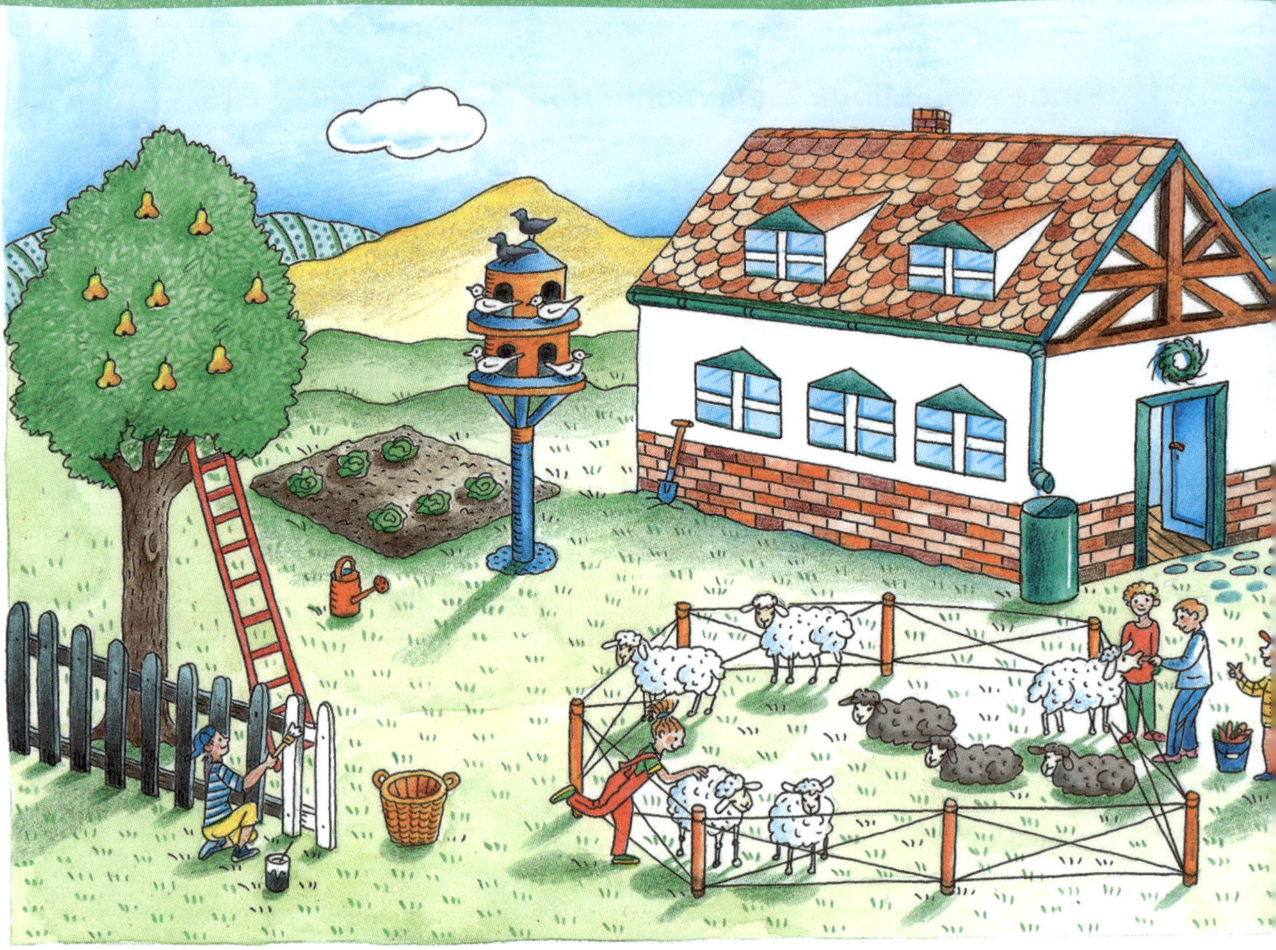

1 Erzähle zum Bild.

2 Wie viele sind es? Trage ein.

3 Welche Aufgabe passt? Verbinde.

6 + 4 = ____   4 + 2 = ____   5 + 3 = ____

4 Schreibe eine passende Aufgabe zum Bild.

$\underline{8}$ + __ = ____

__ + __ = ____

__ + __ = ____

__ + __ = ____

5 Male Bilder zu den Aufgaben $5 + 2$ und $3 + 7$.

Male selbst ein Bild mit versteckten Aufgaben.

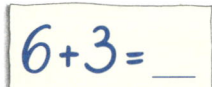

6 + 3 = __

 1 Wie haben Jette und Justus die Aufgaben gelegt? Erkläre.

 2 Lege und male wie Jette und Justus.

a) 3 + 5 = ____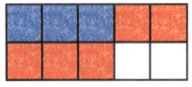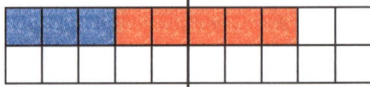

b) 4 + 5 = ____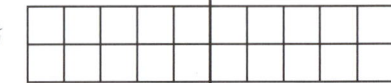

c) 7 + 3 = ____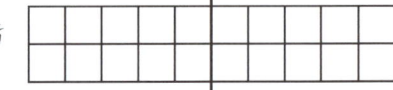

3 Verbinde gleiche Plusaufgaben.

Ich mache es lieber wie Justus. Und du?

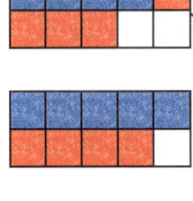
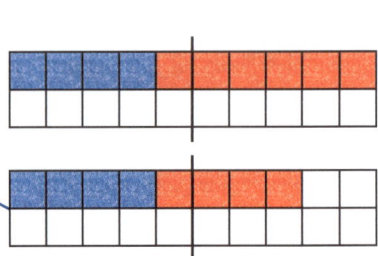

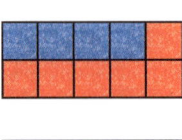
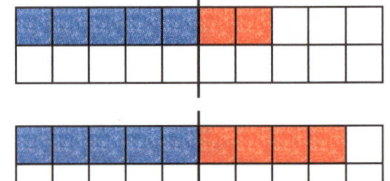

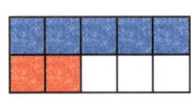

4 ⬜ oder ⬜ : Lege und rechne.

5 + 2 = ____	5 + 3 = ____	2 + 3 = ____	1 + 2 = ____
6 + 2 = ____	5 + 4 = ____	3 + 4 = ____	2 + 4 = ____
7 + 2 = ____	5 + 5 = ____	4 + 5 = ____	3 + 6 = ____

➡ Beilage zum Schülerbuch: Zehnerfeld/Zwanzigerfeld

5 Schreibe passende Plusaufgaben.

a) ___ + ___ = ___

b) ___ + ___ = ___

c) ___ + ___ = ___

d) ___ + ___ = ___

6 Male an und rechne.

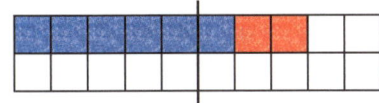  

6 + 2 = ____   5 + 3 = ____   4 + 4 = ____

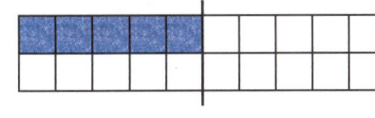 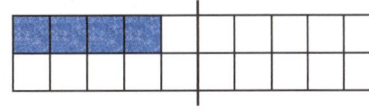 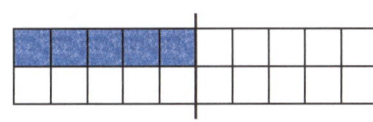

___ + 2 = ____   ___ + 3 = ____   ___ + 4 = ____

7 Rechne.

4 + 4 = ____   2 + 6 = ____   5 + 4 = ____   3 + 5 = ____

6 + 4 = ____   3 + 3 = ____   3 + 2 = ____   2 + 5 = ____

7 + 3 = ____   6 + 3 = ____   4 + 3 = ____   0 + 9 = ____

8 Suche passende Aufgaben.

Ergebnis ist kleiner als 5	Ergebnis ist größer als 5	Ergebnis ist gleich 10
2 + 1	4 + 3	7 + 3

Schreibe Aufgaben, die du schon rechnen kannst.

Wer hat recht?

4 + 3

3 + 4

die Tauschaufgabe

Zahlen tauschen
das Ergebnis
bleibt gleich

1 Immer zwei Aufgaben

3 + 2

2 + 3

___ + ___

3 + 5

___ + ___

___ + ___

___ + ___

___ + ___

___ + ___

___ + ___

___ + ___

___ + ___

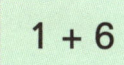

2 Verbinde.

| 1 + 6 | 7 + 2 | 2 + 4 | 3 + 6 | 4 + 5 |

| 4 + 2 | 6 + 1 | 5 + 4 | 2 + 7 | 6 + 3 |

3 Welche Aufgabe findest du leichter? Kreuze an.

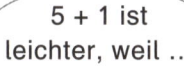

| ☐ 5 + 1 | ☐ 2 + 6 | ☐ 8 + 1 | ☐ 3 + 7 | ☐ 5 + 2 |
| ☐ 1 + 5 | ☐ 6 + 2 | ☐ 1 + 8 | ☐ 7 + 3 | ☐ 2 + 5 |

5 + 1 ist leichter, weil ...

4 Rechne. So kannst du ins Heft schreiben.

6 + 4 = 1 0	3 + 1 = 4	2 + 7 =
4 + 6 =	1 + 3 =	7 + 2 =
4 + 2 =	5 + 3 =	9 + 0 =
2 + 4 =	3 + 5 =	0 + 9 =

5 Schreibe Aufgaben und Tauschaufgaben ins Heft und rechne.

8 + 2	6 + 2	4 + 5
3 + 6	5 + 3	2 + 5
9 + 1	7 + 3	0 + 8

8 + 2 = 1 0
2 + 8 =

6 Bilde viele Plusaufgaben.

| 3 | 4 | 5 | 6 |

3 + 4 = 7

| 2 | 3 | 6 | 7 |

2 + 3 = 5

| 2 | 1 | 8 | ? |

2 + 1 = 3

1 Lege aus.

Du kannst die Flächenformen auch selbst herstellen: Falte zuerst die Quadrate und schneide die Formen dann aus.

➡ Beilage zum Schülerbuch: Flächenformen

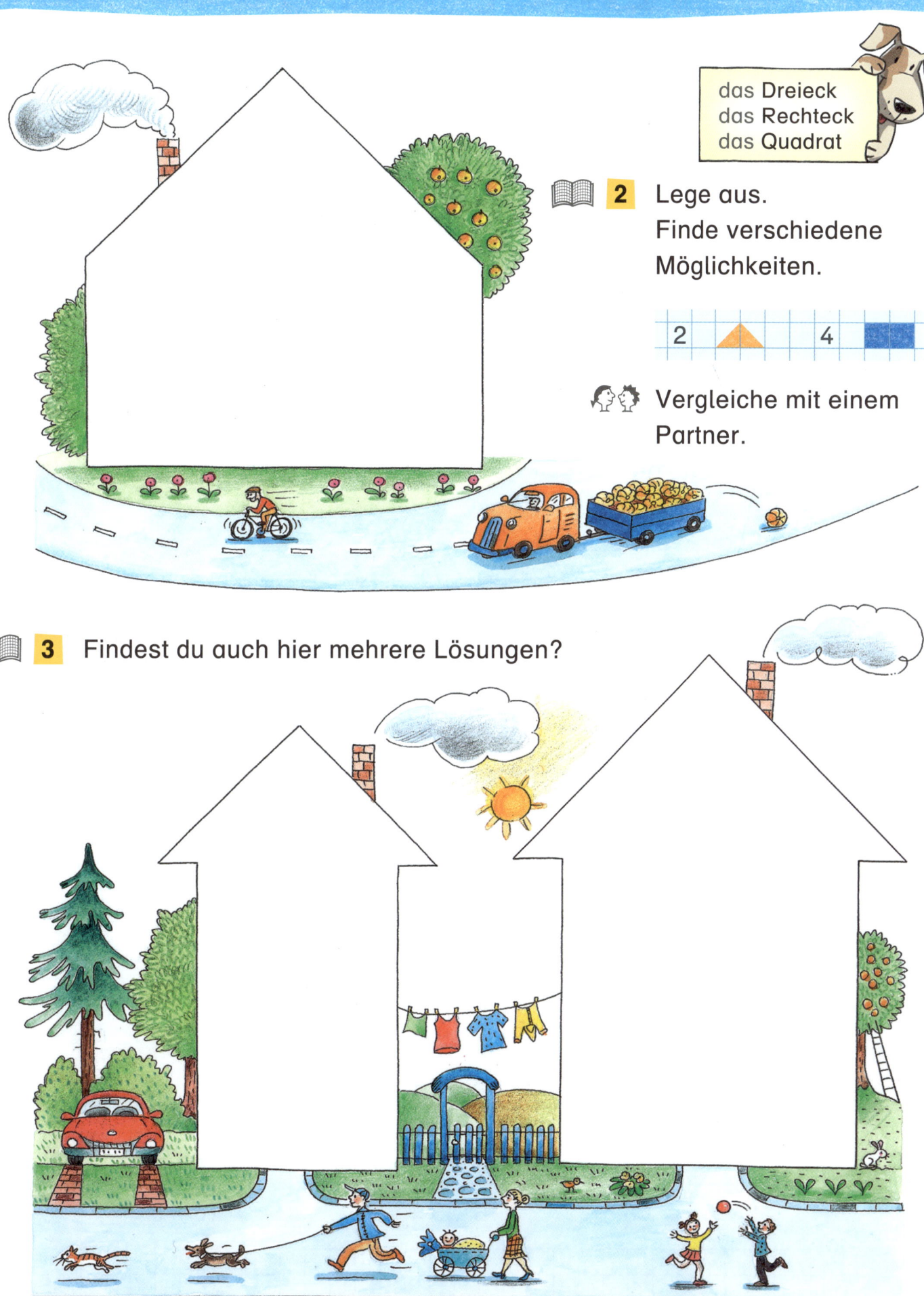

das Dreieck
das Rechteck
das Quadrat

2 Lege aus.
Finde verschiedene
Möglichkeiten.

| 2 | △ | 4 | ▮ |

Vergleiche mit einem
Partner.

3 Findest du auch hier mehrere Lösungen?

Lege selbst Häuser. Male das kleinste und das größte Haus.

1 Was hat Jette gemacht? Erkläre.

2 Lege und male wie Jette.

8 – 3 = ___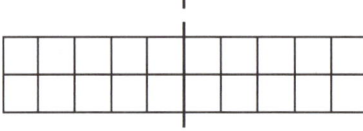

9 – 4 = ___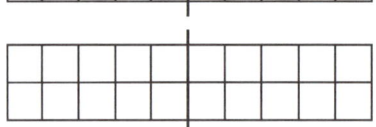

10 – 3 = ___

3 Lege und rechne.

9 – 3 = ___   7 – 4 = ___   6 – 6 = ___   8 – 5 = ___

4 – 3 = ___   5 – 3 = ___   10 – 5 = ___   6 – 0 = ___

5 – 4 = ___   9 – 7 = ___   7 – 3 = ___   10 – 8 = ___

4 Male an, streiche durch und rechne.

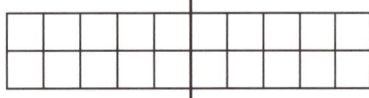
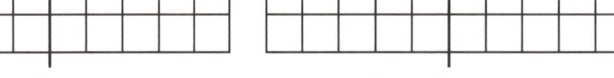
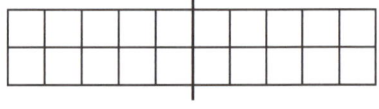

8 – 6 = ___   6 – 3 = ___   10 – 5 = ___

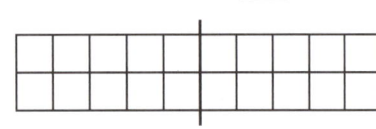
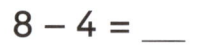
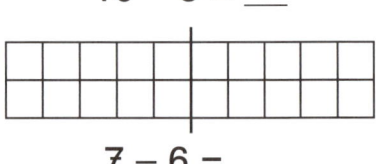

9 – 4 = ___   8 – 4 = ___   7 – 6 = ___

➡ Beilage zum Schülerbuch: Zwanzigerfeld

5 Schreibe passende Minusaufgaben.

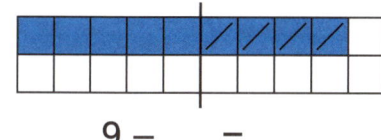   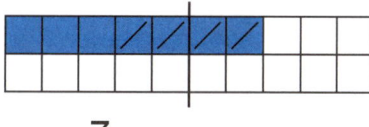   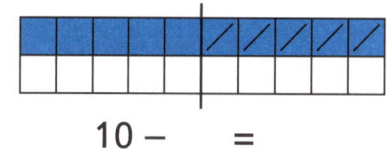

9 – __ = __   7 – __ = __   10 – __ = __

6 Schreibe passende Minusaufgaben.

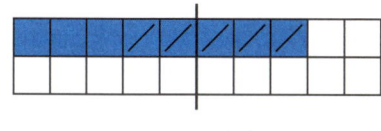   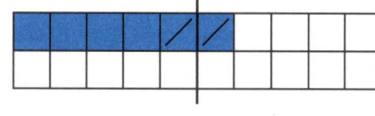   

__ – __ = __   __ – __ = __   ___ – __ = __

7 Rechne.

8 – 6 = __   9 – 4 = __   10 – 4 = __   9 – 7 = __

6 – 3 = __   8 – 4 = __   6 – 5 = __   7 – 4 = __

10 – 7 = __   7 – 6 = __   8 – 8 = __   8 – 7 = __

8 Bilde viele Minusaufgaben.

Ich finde immer 6 Aufgaben.

| 3 | 7 | 9 | 5 | | 4 | 8 | 2 | 1 | | 5 | 6 | 2 | ? |

9 – 7 = 2   4 – 2 =   __ – __ =

9 Suche passende Aufgaben.

Ergebnis ist kleiner als 5	Ergebnis ist größer als 5	Ergebnis ist gleich 3
10 – 6	9 – 2	8 – 5

Schreibe Minusaufgaben, die du schon rechnen kannst.

  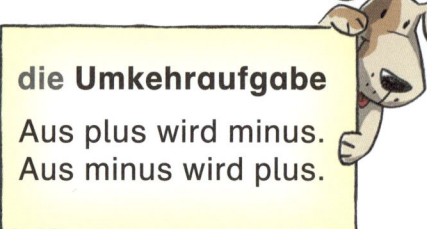

die **Umkehraufgabe**
Aus plus wird minus.
Aus minus wird plus.

$10 - 4 = 6$ $6 + 4 = 10$

 **1** Erzähle zu den Bildern. Vergleiche die beiden Aufgaben.
Was fällt dir auf?

2 Rechne Aufgabe und Umkehraufgabe.

$10 - \underline{\quad} = \underline{\quad}$ $10 - \underline{\quad} = \underline{\quad}$ $10 - \underline{\quad} = \underline{\quad}$

$2 + \underline{\quad} = \underline{\quad}$ $\underline{\quad} + \underline{\quad} = \underline{\quad}$ $\underline{\quad} + \underline{\quad} = \underline{\quad}$

$\underline{\quad} - \underline{\quad} = \underline{\quad}$ $\underline{\quad} - \underline{\quad} = \underline{\quad}$ $\underline{\quad} - \underline{\quad} = \underline{\quad}$

$\underline{\quad} + \underline{\quad} = \underline{\quad}$ $\underline{\quad} + \underline{\quad} = \underline{\quad}$ $\underline{\quad} + \underline{\quad} = \underline{\quad}$

3 Rechne Aufgabe und Umkehraufgabe.

$7 - 4 = \ 3$ $9 - 3 = \underline{\quad}$

$3 + 4 = \underline{\quad}$ $6 + 3 = \underline{\quad}$

$7 - 4 = 3$
$3 + 4 = 7$

$6 - 5 = \underline{\quad}$ $3 - 3 = \underline{\quad}$ $8 - 4 = \underline{\quad}$ $9 - 5 = \underline{\quad}$

$1 + 5 = \underline{\quad}$ $0 + 3 = \underline{\quad}$ $4 + 4 = \underline{\quad}$ $4 + 5 = \underline{\quad}$

4 Rechne und finde die Umkehraufgabe.

9 − 6 = ____   8 − 3 = ____   10 − 4 = ____   9 − 4 = ____

__ + 6 = ____   __ + 3 = ____   __ + 4 = ____   __ + 4 = ____

8 − 5 = ____   9 − 7 = ____   5 − 0 = ____   10 − 6 = ____

__ + __ = ____   __ + __ = ____   __ + __ = ____   __ + __ = ____

5 Rechne Aufgabe und Umkehraufgabe.

4 + 3 = ____   2 + 4 = ____   3 + 6 = ____   4 + 4 = ____

__ − 3 = ____   __ − 4 = ____   __ − 6 = ____   __ − 4 = ____

2 + 6 = ____   5 + 3 = ____   4 + 1 = ____   7 + 2 = ____

__ − 6 = ____   __ − 3 = ____   __ − 1 = ____   __ − 2 = ____

6 Rechne und finde die Umkehraufgabe.

5 + 4 = ____   3 + 4 = ____   4 + 2 = ____   3 + 5 = ____

9 − __ = ____   __ − __ = ____   __ − __ = ____   __ − __ = ____

7 + 2 = ____   2 + 6 = ____   6 + 3 = ____   1 + 6 = ____

__ − __ = ____   __ − __ = ____   __ − __ = ____   __ − __ = ____

7 Rechne zu jeder Aufgabe auch die Umkehraufgabe.

5 + 2	7 − 3	9 − 7	4 + 6
6 − 5	4 + 3	0 + 8	9 − 4
2 + 8	5 + 1	7 − 7	8 − 5

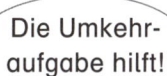 Die Umkehr-
aufgabe hilft!

8 Trage die fehlende Zahl ein.

____ + 2 = 8   ____ + 3 = 10   ____ + 4 = 12   ____ + 5 = 16

____ − 6 = 3   ____ − 4 = 5   ____ − 7 = 9   ____ − 8 = 4

Aufgabenpaare ⊕

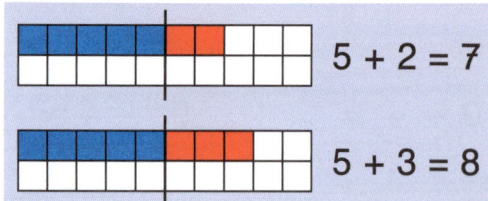

$5 + 2 = 7$

$5 + 3 = 8$

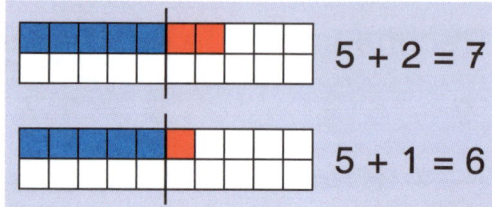

$5 + 2 = 7$

$5 + 1 = 6$

1 Was ändert sich bei den Aufgabenpaaren? Erkläre.

Die erste Zahl …

Die zweite Zahl …

Das Ergebnis …

2 Rechne.

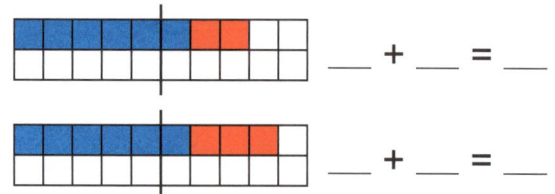

__ + __ = __

__ + __ = __

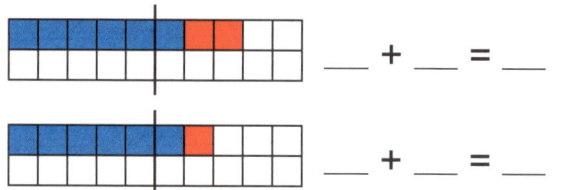

__ + __ = __

__ + __ = __

3 Markiere, was sich ändert. Rechne.

$3 + 2 = \underline{\ 5\ }$	$5 + 4 = \underline{\quad}$	$3 + 2 = \underline{\quad}$	$5 + 4 = \underline{\quad}$
$3 + ③ = \underline{\ 6\ }$	$5 + 5 = \underline{\quad}$	$3 + 1 = \underline{\quad}$	$5 + 3 = \underline{\quad}$

$4 + 5 = \underline{\quad}$	$7 + 1 = \underline{\quad}$	$4 + 5 = \underline{\quad}$	$7 + 2 = \underline{\quad}$
$4 + 6 = \underline{\quad}$	$7 + 2 = \underline{\quad}$	$4 + 4 = \underline{\quad}$	$7 + 1 = \underline{\quad}$

4 Rechne.

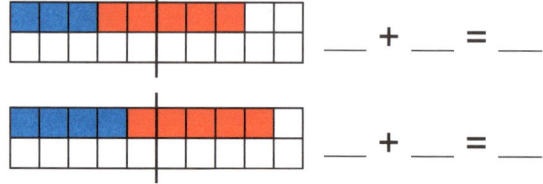

__ + __ = __

__ + __ = __

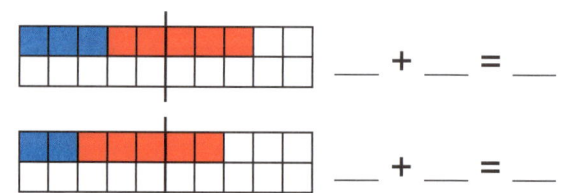

__ + __ = __

__ + __ = __

5 Markiere, was sich ändert. Rechne.

Was ändert sich hier?

$2 + 7 = \underline{\ 9\ }$	$6 + 3 = \underline{\quad}$	$2 + 7 = \underline{\quad}$	$6 + 3 = \underline{\quad}$
$③ + 7 = \underline{\ 10\ }$	$7 + 3 = \underline{\quad}$	$1 + 7 = \underline{\quad}$	$5 + 3 = \underline{\quad}$

$3 + 4 = \underline{\quad}$	$5 + 2 = \underline{\quad}$	$3 + 4 = \underline{\quad}$	$5 + 2 = \underline{\quad}$
$4 + 4 = \underline{\quad}$	$6 + 2 = \underline{\quad}$	$2 + 4 = \underline{\quad}$	$4 + 2 = \underline{\quad}$

Finde selbst Aufgabenpaare mit Plusaufgaben. Markiere, was sich ändert.

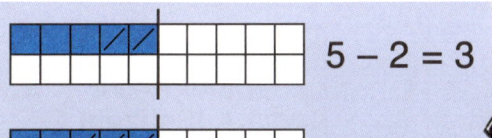

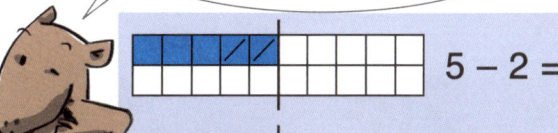

Es wird mehr weggenommen, deshalb wird das Ergebnis …

$5 - 2 = 3$
$5 - 3 = 2$

$5 - 2 = 3$
$5 - 1 = 4$

Es wird weniger weggenommen, deshalb wird das Ergebnis …

 1 Was ändert sich bei den Aufgabenpaaren? Erkläre.

2 Rechne.

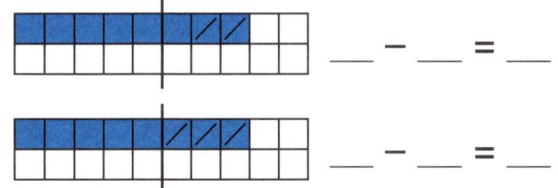

$\_\_ - \_\_ = \_\_$

$\_\_ - \_\_ = \_\_$

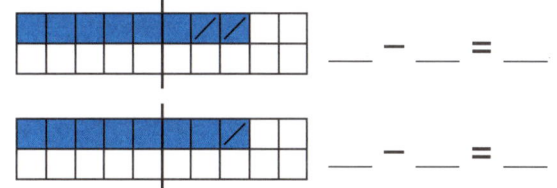

$\_\_ - \_\_ = \_\_$

$\_\_ - \_\_ = \_\_$

3 Markiere, was sich ändert. Rechne.

$7 - 2 = \underline{5}$	$9 - 4 = \_\_\_$	$7 - 2 = \_\_\_$	$9 - 4 = \_\_\_$
$7 - ③ = \underline{4}$	$9 - 5 = \_\_\_$	$7 - 1 = \_\_\_$	$9 - 3 = \_\_\_$

$6 - 3 = \_\_\_$	$8 - 6 = \_\_\_$	$6 - 3 = \_\_\_$	$8 - 6 = \_\_\_$
$6 - 4 = \_\_\_$	$8 - 7 = \_\_\_$	$6 - 2 = \_\_\_$	$8 - 5 = \_\_\_$

4 Rechne.

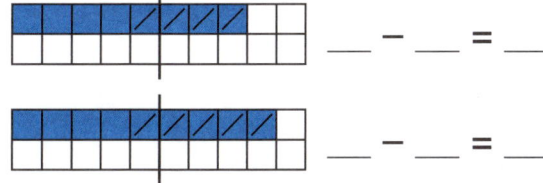

$\_\_ - \_\_ = \_\_$

$\_\_ - \_\_ = \_\_$

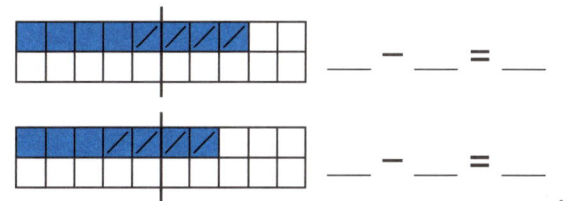

$\_\_ - \_\_ = \_\_$

$\_\_ - \_\_ = \_\_$

5 Markiere, was sich ändert. Rechne.

Was ändert sich hier?

$5 - 2 = \underline{3}$	$6 - 4 = \_\_\_$	$5 - 2 = \_\_\_$	$6 - 4 = \_\_\_$
$⑥ - 2 = \underline{4}$	$7 - 4 = \_\_\_$	$4 - 2 = \_\_\_$	$5 - 4 = \_\_\_$

$7 - 3 = \_\_\_$	$8 - 5 = \_\_\_$	$7 - 3 = \_\_\_$	$8 - 5 = \_\_\_$
$8 - 3 = \_\_\_$	$9 - 5 = \_\_\_$	$6 - 3 = \_\_\_$	$7 - 5 = \_\_\_$

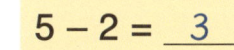 Finde selbst Aufgabenpaare mit Minusaufgaben. Markiere, was sich ändert.

1 + 2 = 3   2 + 1 = 3

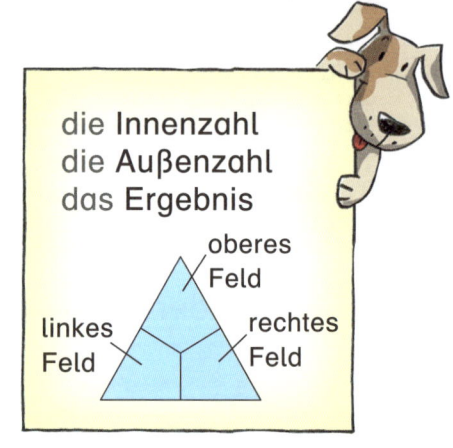

die Innenzahl
die Außenzahl
das Ergebnis

oberes Feld
linkes Feld   rechtes Feld

1 Wie können Justus und Jette die 5 Würfel noch verteilen?
Finde 3 Möglichkeiten.

2 Rechne.

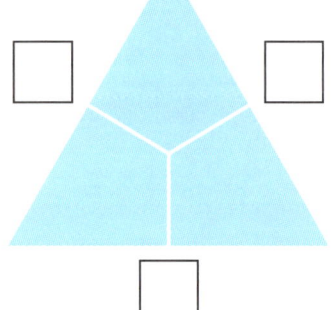
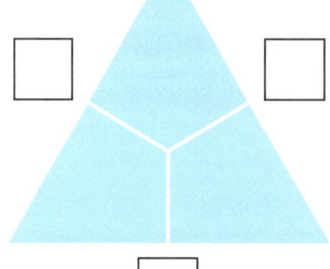
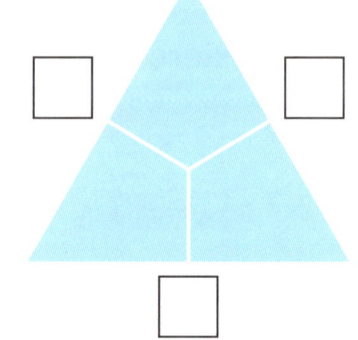

3 Rechne.

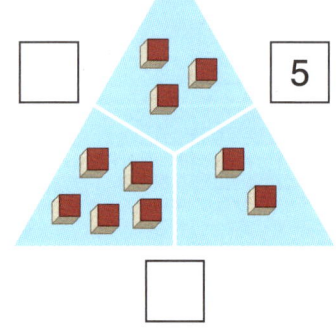
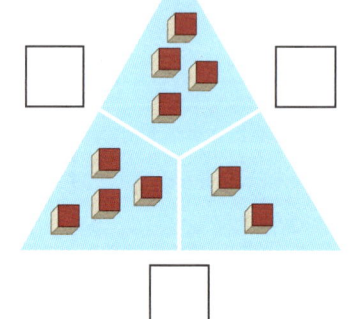
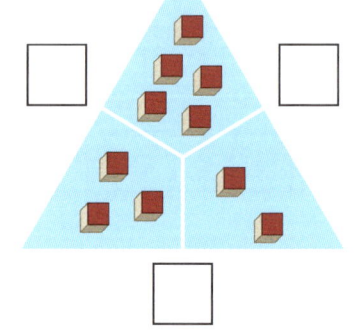

 6    4    0    3

 4   2   5   3   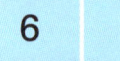 6   1   7   2

56

➡ S. 128: Großes Rechendreieck

4 Lege und rechne.

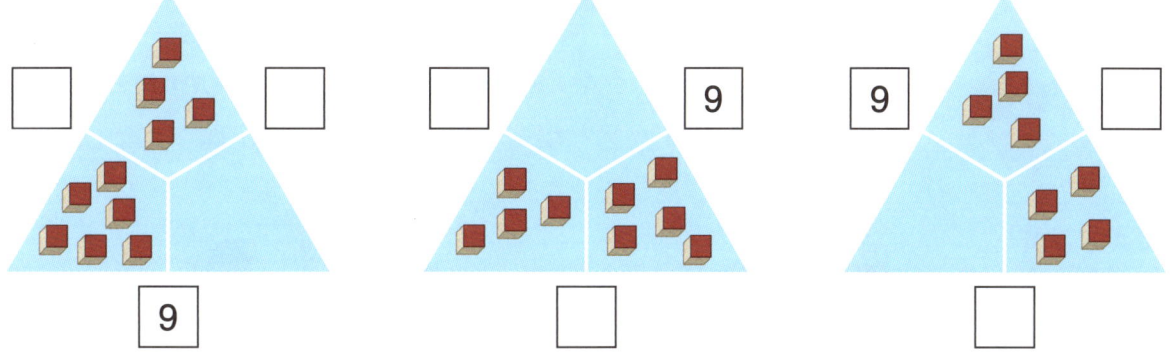

5 Rechne.

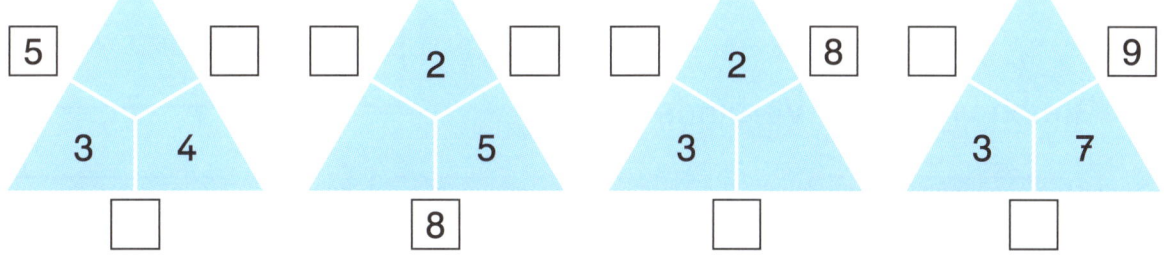

6 Rechne.

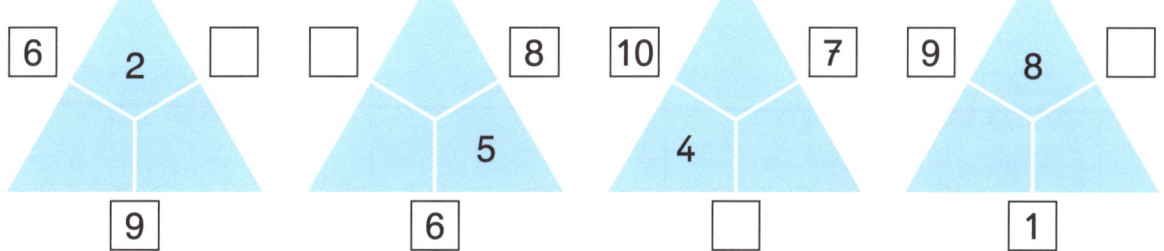

7 Fredo verschiebt den blauen Würfel. Welche Außenzahlen ändern sich? Erkläre.

📓 Finde selbst Rechendreiecke.

1 Cent | 2 Cent | 5 Cent | 10 Cent
1 ct | 2 ct | 5 ct | 10 ct

Ich habe mehr!

gleich viel wert wie

1 Wer hat mehr Geld? Erkläre.

2 Gleich viel Cent: Verbinde.

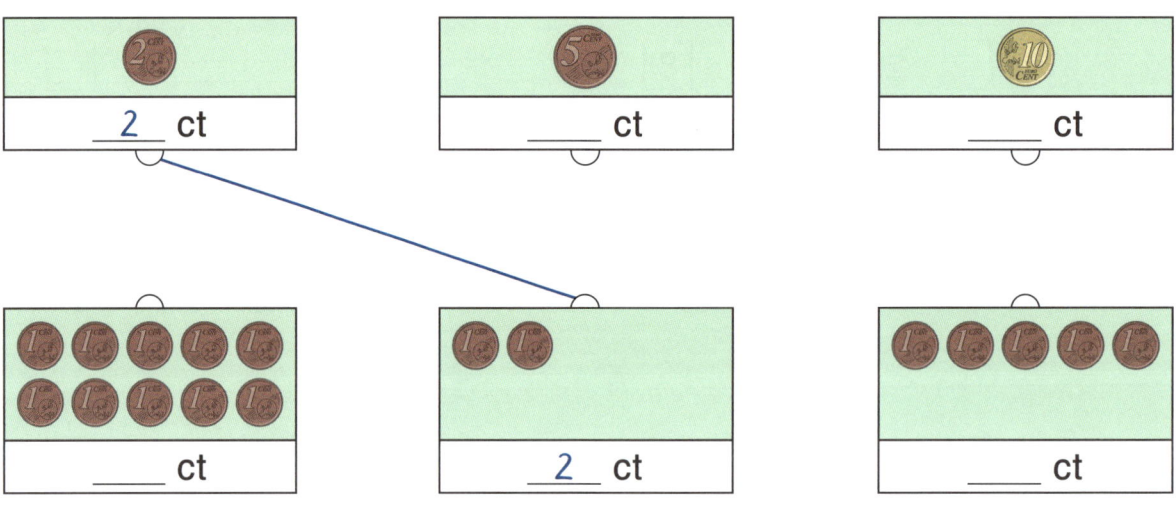

_2_ ct   ___ ct   ___ ct

___ ct   _2_ ct   ___ ct

3 Gleich viel Cent: Verbinde.

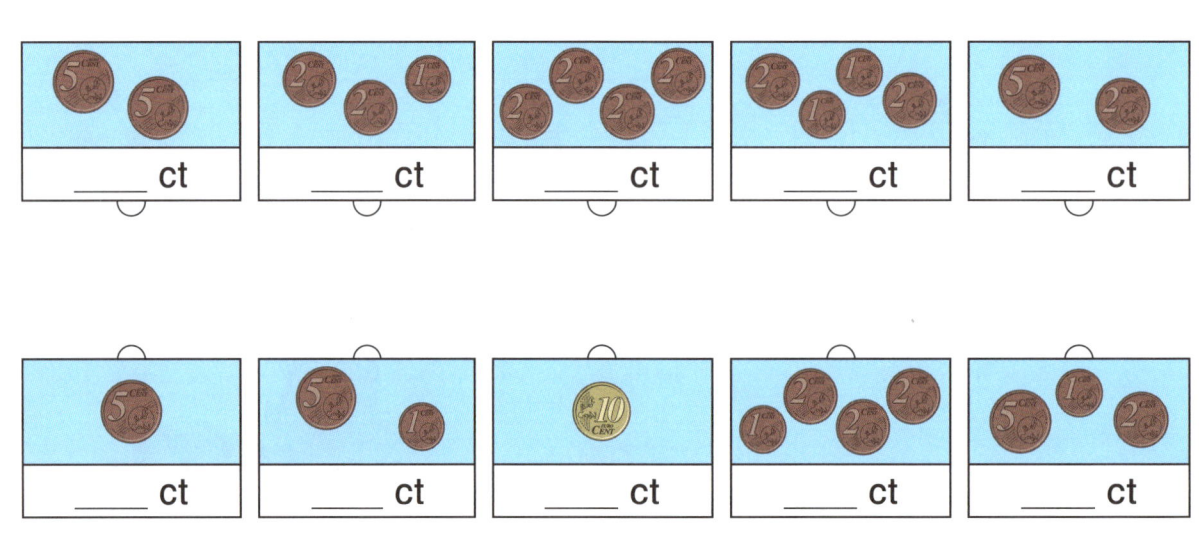

___ ct   ___ ct   ___ ct   ___ ct   ___ ct

___ ct   ___ ct   ___ ct   ___ ct   ___ ct

4 Immer 10 Cent

10 ct ◯◯

10 ct ◯◯◯◯

10 ct ◯◯◯◯◯

10 ct ◯◯◯◯◯◯

Geht es auch mit 3 Münzen?

5 Lege und zeichne. Vergleiche mit einem Partner.

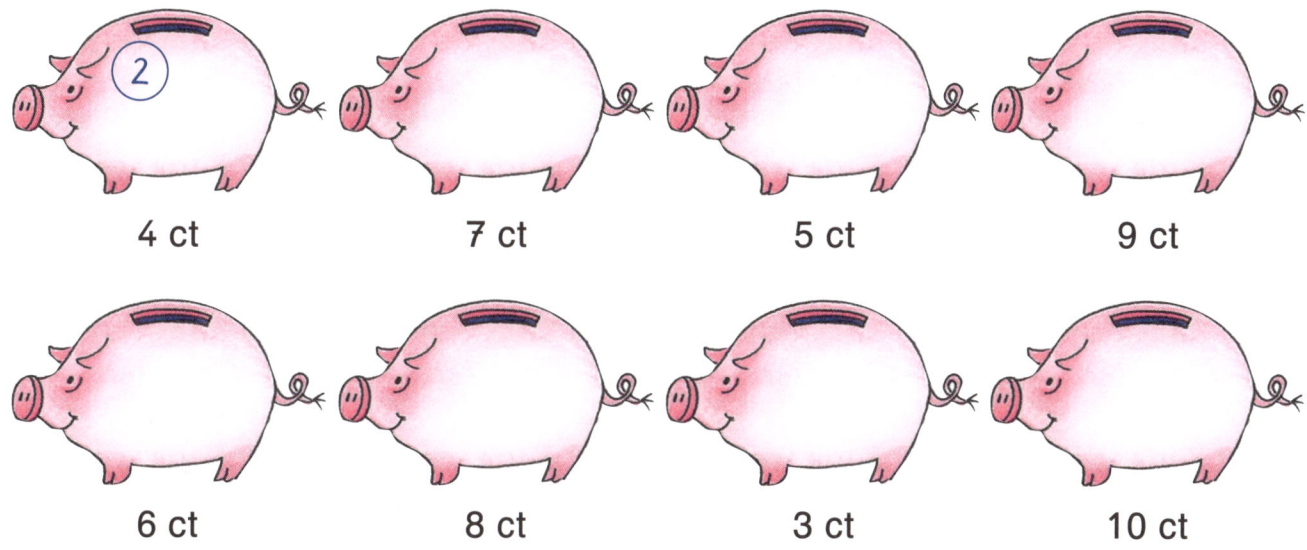

4 ct   7 ct   5 ct   9 ct

6 ct   8 ct   3 ct   10 ct

6 Welche Münzen fehlen? Ergänze.

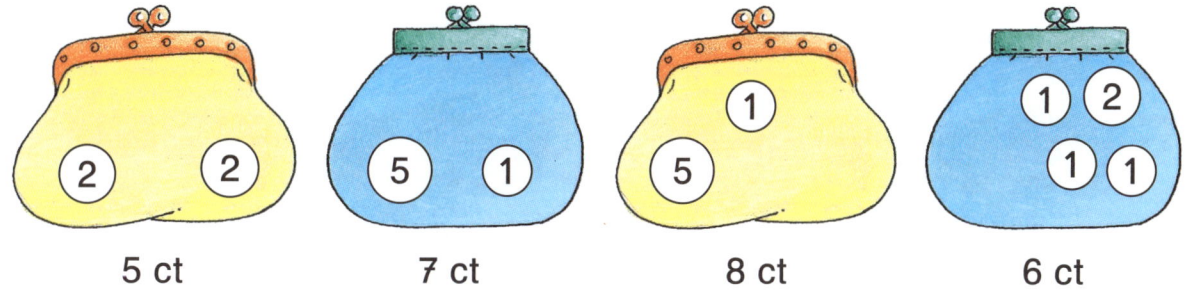

5 ct   7 ct   8 ct   6 ct

▶ Immer 4 Münzen:
Wie viel Cent können es sein?

▶ Immer 8 Cent: Lege und zeichne
verschiedene Möglichkeiten.

①①①①   4 ct

②①①①   __ ct

◯◯◯◯   __ ct

1 Kannst du Jette helfen?
Erkläre.

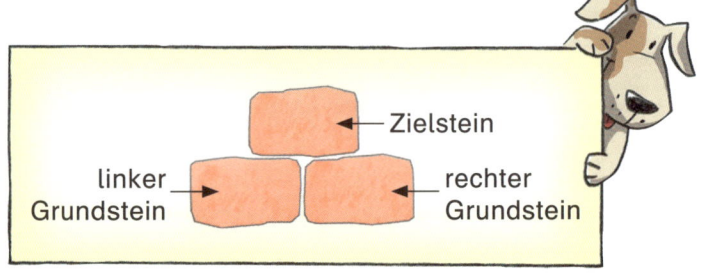

2

| 6 | 8 | ~~7~~ | 9 | 10 |

7				
6 1	3 3	3 7	0 8	1 8

3

4 3	2 6	7 3	1 5	0 4

3 5	4 4	6 3	5 4	8 1

2 7	4 6	2 5	9 0	4 5

4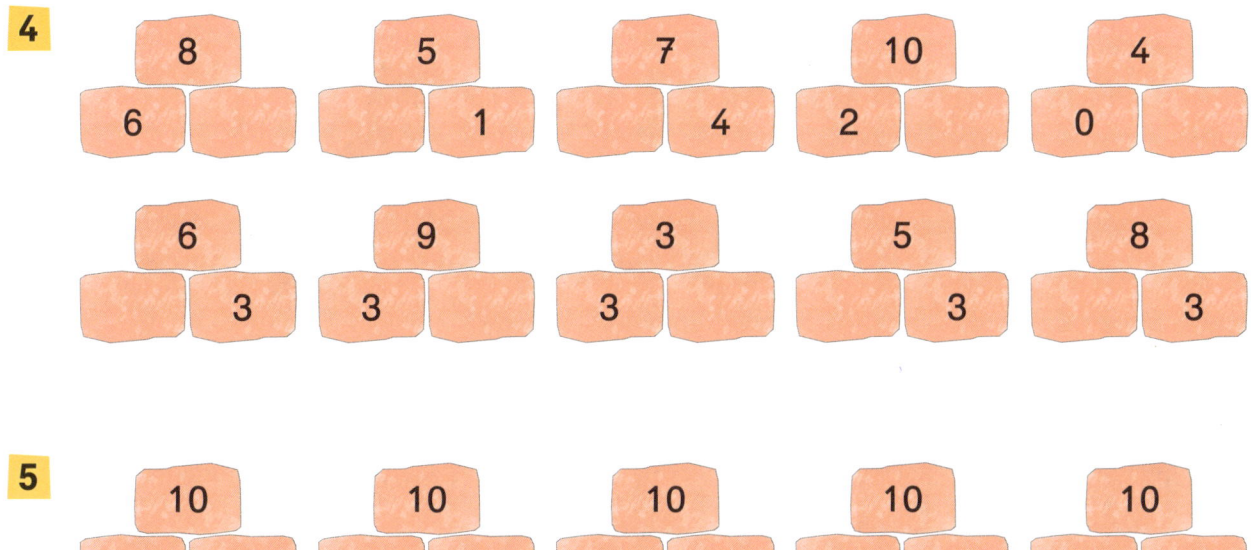

5

 Was fällt dir bei diesen fünf Rechenmauern auf? Erkläre.

6 Baue mit diesen Zahlen zwei Rechenmauern.
Du darfst jeden Stein nur einmal verwenden.

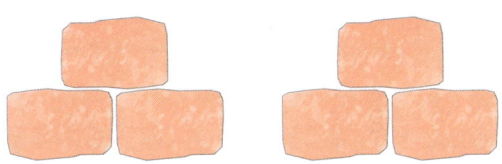

 Wer findet die meisten Mauern mit dem Zielstein 9 (7, 6, 5)?
Zeichne und schreibe.

 Ich probiere es auch mit 20!

 Mein Zielstein ist die 1.

1 Lege mit deinen Zahlenkarten Aufgaben wie Jette und Justus.

	+		=	

	–		=	

Schreibe deine Aufgaben auf.

2 3 Zahlen – 4 Aufgaben

5	7	2

5 + 2 =
2 + 5 =
7 – 5 =
7 – 2 =

3	4	1

3 + ☐ =
1 + ☐ =
4 – ☐ =
4 – ☐ =

3	9	6

3 + ☐ =
6 + ☐ =
9 – ☐ =
9 – ☐ =

3 3 Zahlen – 4 Aufgaben

4	6	2

2	5	3

2	8	6

7	9	2

4	7	3

3	2	1

4 + 2 =
2 + 4 =
6 – 2 =
6 – 4 =

4 Das faule Ei: Eine Karte passt nicht. Streiche durch.

6	9	~~4~~	3

2	1	6	3

7	4	5	2

3	5	6	8

5	3	6	1

2	0	3	1

6	4	7	1

9	6	5	4

6	2	8	5

Beilage zum Schülerbuch: Zahlenkarten und Rechenzeichen, Legeraster

1 Spielt das Spiel „Die verdeckte Karte": Erst legen, dann kontrollieren.

2

| 4 + ☐ = 9 | 4 |
| 2 + ☐ = 6 | 5 |

| 3 + ☐ = 8 | 5 |
| 1 + ☐ = 4 | 3 |

| 6 + ☐ = 7 | 2 |
| 3 + ☐ = 5 | 1 |

3

| 8 − ☐ = 2 | 4 |
| 5 − ☐ = 1 | 6 |

| 7 − ☐ = 2 | 5 |
| 9 − ☐ = 3 | 6 |

| 9 − ☐ = 7 | 3 |
| 8 − ☐ = 5 | 2 |

4

4 + ☐ = 5	2
	5
2 + ☐ = 7	1

3 + ☐ = 9	3
	6
1 + ☐ = 6	5

6 + ☐ = 8	3
	2
2 + ☐ = 5	1

5

6 − ☐ = 2	3
	5
7 − ☐ = 2	4

8 − ☐ = 3	3
	5
9 − ☐ = 2	7

4 − ☐ = 3	2
	1
5 − ☐ = 3	4

6

| ☐ + 6 = 7 |
| ☐ + 7 = 9 |

| ☐ + 4 = 9 |
| ☐ + 3 = 7 |

| ☐ + 2 = 7 |
| ☐ + 1 = 5 |

7

| ☐ − 1 = 3 |
| ☐ − 4 = 1 |

| ☐ − 3 = 6 |
| ☐ − 5 = 3 |

| ☐ − 4 = 3 |
| ☐ − 2 = 4 |

1 Welche Rechenaufgabe siehst du?
Schreibe auf. Begründe.

Das Jahr hat 12 Monate.
Die Jahreszeiten heißen
Frühling, Sommer, Herbst
und Winter.

5 Vögel sind
am Futterhaus,
2 kommen dazu,
also:
$5 + 2 = 7$

2 Vögel
fliegen weg, also:
$7 - 2 = 5$

2 Ergänze, was fehlt. Rechne.

3 + 4 = __   5 + 2 = __   6 + 2 = __

3 Welche Aufgabe passt? Verbinde und rechne.

2 + 4 = __   3 + 4 = __   2 + 3 = __   9 − 3 = __   8 − 2 = __   7 − 3 = __

4 Male eine Rechengeschichte zum Sommer und eine zum Winter.

2 + 2 + 1 = __   4 + 3 + 1 = __

Male Rechengeschichten. Schreibe die Aufgabe dazu.

✂ **1** Stelle Quadrate her. Wie gehst du vor? Lege die Muster nach.

✂ **2** Stelle Dreiecke her. Wie gehst du vor? Lege die Muster nach.

3 Setze die Muster fort.

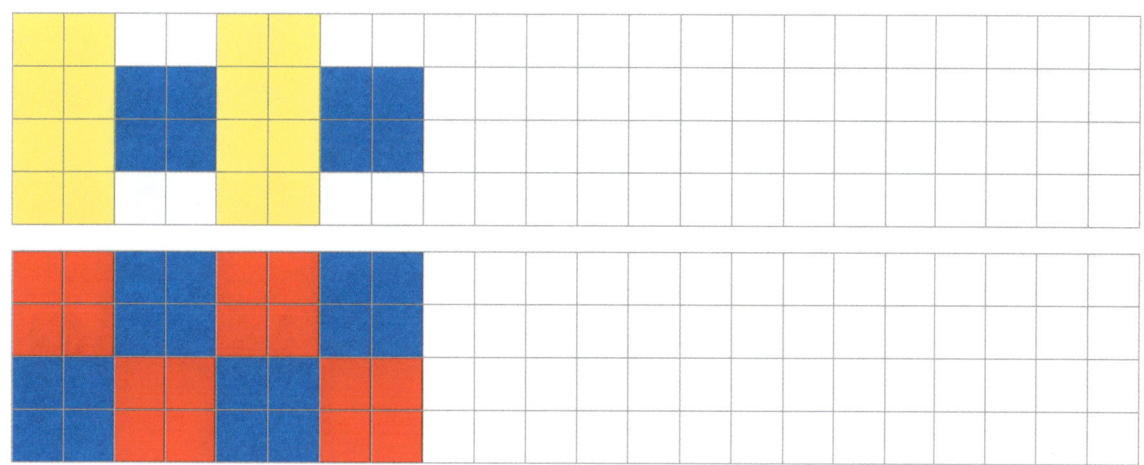

4 Setze die Muster fort.

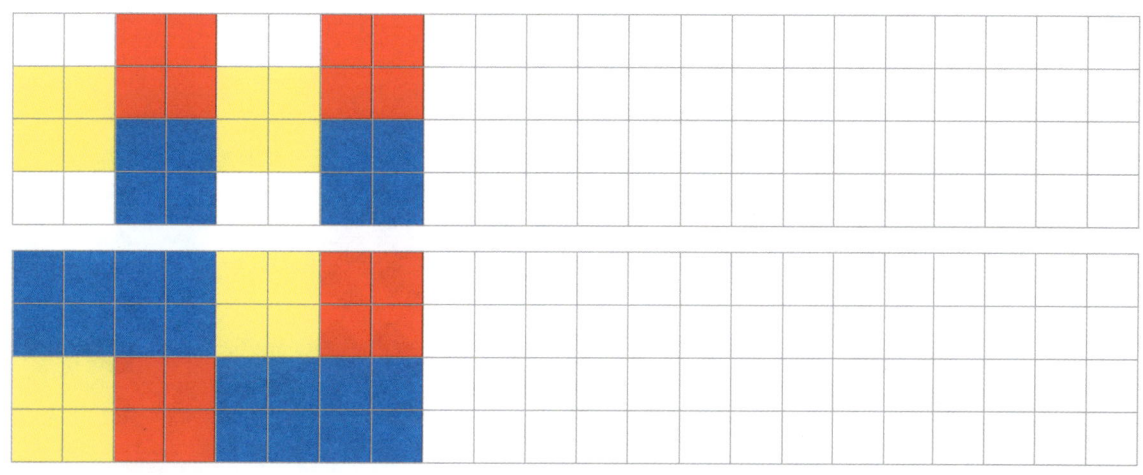

5 Setze die Muster fort.

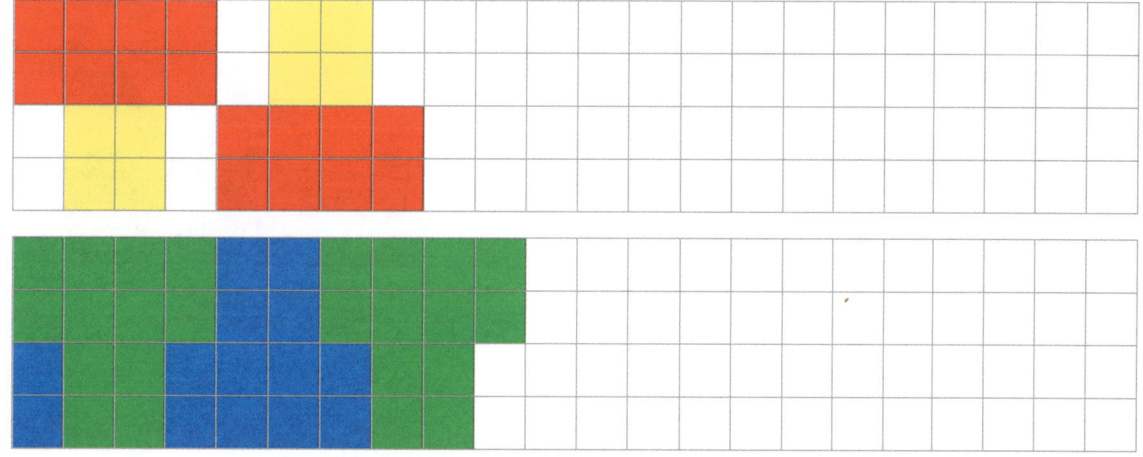

Finde selbst Muster. Lege sie oder male sie auf Karopapier.
Klebe deine Muster in dein Lerntagebuch.

1 Wie viele sind es? Verbinde. Was fällt dir auf?

2 Macht eine eigene Ausstellung in eurer Klasse.

3 Lege wie Jette.   12   15   17   20

4 Lege mit den Zahlenkarten und schreibe.

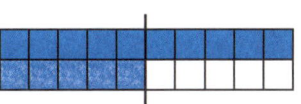

10 + 5 = ____

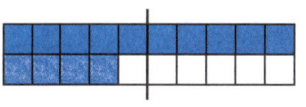

10 + __ = ____

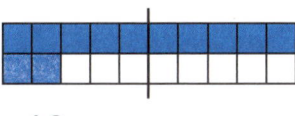

10 + __ = ____

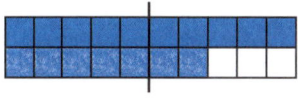

10 + __ = ____

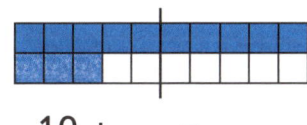

10 + __ = ____

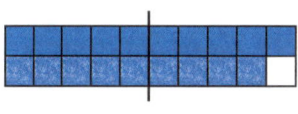

10 + __ = ____

5 Lege mit den Zahlenkarten und schreibe.

1 0	4	10 + 4 = ____	1 0	5	____ + __ = ____
1 0	8	10 + __ = ____	1 0	3	____ + __ = ____
1 0	9	____ + __ = ____	1 0	7	____ + __ = ____

6 Lege mit den Zahlenkarten und schreibe.

1 5	15 = ____ + __	1 2	____ = ____ + __
1 6	____ = ____ + __	1 8	____ = ____ + __
1 4	____ = ____ + __	1 7	____ = ____ + __

7 Lege mit den Zahlenkarten und schreibe.

1 8	18 − 8 = ____	1 5	15 − 5 = ____
1 8	18 − 10 = ____	1 5	15 − 10 = ____
1 8	18 − ____ = 8	1 5	15 − ____ = 5
1 8	18 − ____ = 10	1 5	15 − ____ = 10

Finde Aufgaben zu den Zahlen
wie bei den Aufgaben 6 oder 7.

rechts von
links von
unter
über
neben
zwischen

1	2	3	4	⬛	6	7	8	9	10
⬛	12	13	14	15	16	🟥	18	19	20

 1 Welche Zahlen hat Jette versteckt?
Woher weißt du das? Erkläre.

 2 Spielt „Zahlen verstecken".

3 Trage die fehlenden Zahlen ein.

1	2		4	5	6	7	8		10
11	12	13		15			18	19	20

1	2	3		5	6	7		9	10
11			14	15	16	17	18	19	

		3	4	5		7	8	9	
11	12	13	14			17	18	19	20

4

3		5

	8	

16		18

	13	

8

2
12

17

14

9

20

5

	3
	14

	4	
12		16

	18

	5

| 1 | 2 | 3 | 4 | 5 | 6 | 7 | 8 | 9 | 10 | 11 | 12 | 13 | 14 | 15 | 16 | 17 | 18 | 19 | 20 |

 1 Was macht Jette? Wie geht es weiter?

2 Wie geht es weiter?

| 12 | 13 | 14 | | | | | 20 |

| 7 | 8 | 9 | | | | | 15 |

| 16 | 15 | 14 | | | | 9 | 8 |

| 12 | 11 | | | | | | 4 |

3 Wie geht es weiter?

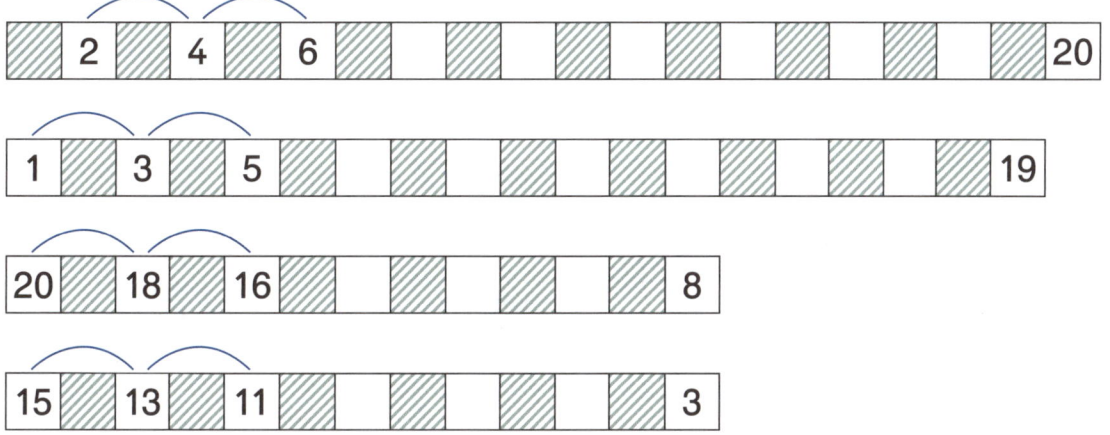

4 Wie geht es weiter?

| 1 | 4 | 7 | | | | |

| 20 | 16 | 12 | | | |

| 20 | 19 | 17 | 14 | | |

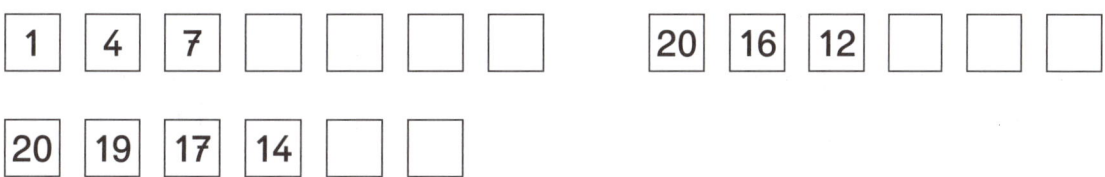

Finde eigene Zahlenfolgen am Zwanzigerstreifen.

die kleinere Nachbarzahl
die größere Nachbarzahl

1 Wie heißt die Nachbarzahl?

2 Wie heißen die Nachbarzahlen?

3 Wie heißen die Zahlen?

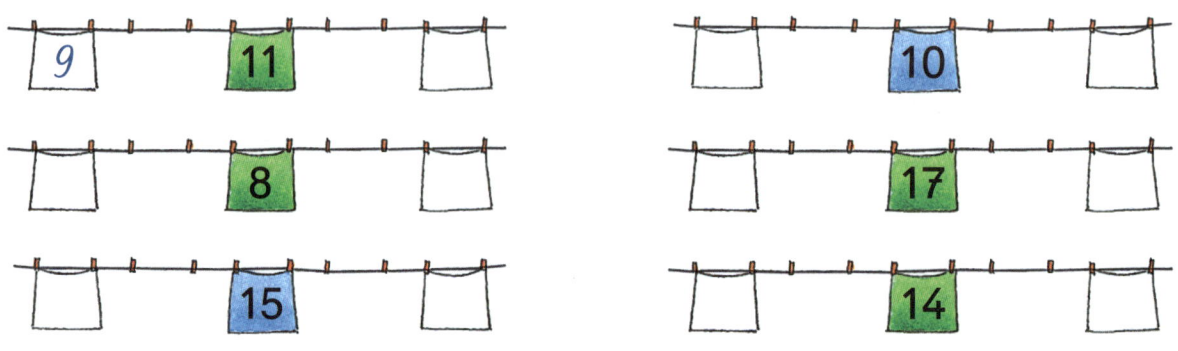

1 Spielt das Spiel „Zahlen stechen":
Deckt die Karten auf und vergleicht.
Die größere Zahl gewinnt.
Wer hat zum Schluss mehr Karten?

2 Vergleiche: $>$, $<$, $=$

2 $<$ 5	7 ◯ 9	9 ◯ 11	8 ◯ 11
12 ◯ 15	18 ◯ 18	2 ◯ 12	7 ◯ 17
14 ◯ 9	13 ◯ 12	16 ◯ 19	15 ◯ 15
17 ◯ 12	11 ◯ 1	10 ◯ 10	20 ◯ 15

3 Finde eine passende Zahl.

7 > ____	11 < ____	14 > ____	6 = ____
15 > ____	16 < ____	13 < ____	16 > ____
19 > ____	19 < ____	17 < ____	8 < ____
2 > ____	14 < ____	20 = ____	18 > ____

4 Welche Zahlen passen? Finde alle Möglichkeiten.

14 < _15_ < 18   14 < ____ < 18   14 < ____ < 18

8 < ____ < 12   8 < ____ < 12   8 < ____ < 12

5 Zahlenrätsel

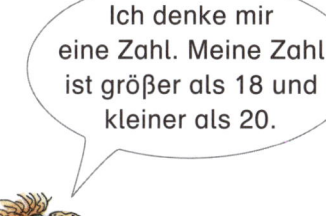

Ich denke mir eine Zahl. Meine Zahl ist größer als 18 und kleiner als 20.

Ich denke mir eine Zahl. Meine Zahl ist größer als 7 und kleiner als 12. Welche könnte es sein?

Meine Zahl ist kleiner als 20 und größer als 16. Welche könnte es sein?

____   ____   ____

Finde eigene Zahlenrätsel.

➡ Beilage zum Schülerbuch: Zahlenkarten

1 Hat Justus recht? Begründe.

2 Schreibe die verwandten Aufgaben und rechne.

1 + 7 = ____   __ + __ = ____   __ + __ = ____   __ + __ = ____
11 + 7 = ____   12 + 5 = ____   15 + 3 = ____   14 + 3 = ____

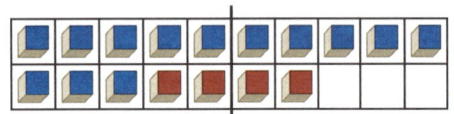
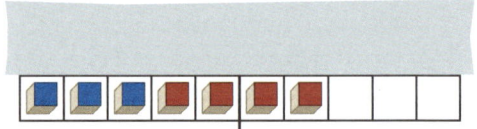

3 + 4 = 7
1 3 + 4 = 1 7

3 Finde die verwandte Aufgabe und rechne.

6 + 3 = ____   __ + __ = ____   __ + __ = ____   __ + __ = ____
16 + 3 = ____   13 + 3 = ____   17 + 2 = ____   11 + 2 = ____

__ + __ = ____   __ + __ = ____   __ + __ = ____   __ + __ = ____
14 + 4 = ____   12 + 0 = ____   11 + 5 = ____   10 + 8 = ____

7 + 2   2 + 0   6 + 3   1 + 2   4 + 4   0 + 8   3 + 3   1 + 5

4 Rechne.

16 + 2	13 + 6	17 + 3	14 + 6
14 + 3	11 + 3	13 + 5	15 + 3
12 + 6	14 + 5	18 + 1	13 + 7
15 + 2	12 + 2	15 + 4	11 + 6

Die verwandte Aufgabe hilft!

6 + 2 = 8
16 + 2 = __

5 Welche Zahl fehlt?

5 + __ = 8   14 + __ = 16   3 + __ = 5   16 + __ = 19
15 + __ = 18   4 + __ = 6   13 + __ = 15   6 + __ = 9

____ + 7 = 9   ____ + 4 = 17   ____ + 6 = 10   ____ + 2 = 16
____ + 7 = 19   ____ + 4 = 7   ____ + 6 = 20   ____ + 2 = 6

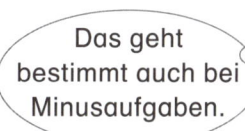

6 Schreibe wie Jette die verwandte Aufgabe und rechne.

$7 - 3 = \_\_\_$ $\_\_ - \_\_ = \_\_\_$ $\_\_ - \_\_ = \_\_\_$ $\_\_ - \_\_ = \_\_\_$

$17 - 3 = \_\_\_$ $16 - 2 = \_\_\_$ $19 - 6 = \_\_\_$ $13 - 3 = \_\_\_$

$$\boxed{8} - \boxed{5} = \boxed{3}$$
$$\boxed{1\ 8} - \boxed{5} = \boxed{1\ 3}$$

7 Finde die verwandte Aufgabe und rechne.

$\underline{7} - \underline{4} = \_\_\_$ $\_\_ - \_\_ = \_\_\_$ $\_\_ - \_\_ = \_\_\_$ $\_\_ - \_\_ = \_\_\_$

$17 - 4 = \_\_\_$ $15 - 3 = \_\_\_$ $18 - 2 = \_\_\_$ $19 - 1 = \_\_\_$

$\_\_ - \_\_ = \_\_\_$ $\_\_ - \_\_ = \_\_\_$ $\_\_ - \_\_ = \_\_\_$ $\_\_ - \_\_ = \_\_\_$

$14 - 3 = \_\_\_$ $16 - 6 = \_\_\_$ $12 - 1 = \_\_\_$ $17 - 0 = \_\_\_$

| $7 - 0$ | $5 - 3$ | $2 - 1$ | $7 - 4$ | $4 - 3$ | $9 - 1$ | $6 - 6$ | $8 - 2$ |

8 Rechne.

$16 - 4$	$17 - 3$	$13 - 2$	$19 - 7$
$14 - 3$	$19 - 5$	$18 - 6$	$17 - 4$
$12 - 1$	$16 - 3$	$14 - 4$	$18 - 5$
$15 - 5$	$15 - 4$	$15 - 3$	$16 - 6$

Die verwandte Aufgabe hilft!

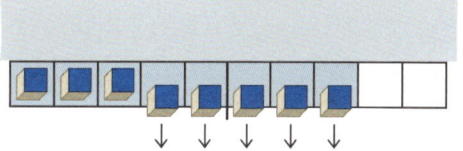

$6 - 4 = 2$
$16 - 4 = \_\_\_$

9 Welche Zahl fehlt?

$5 - \_\_ = 1$ $4 - \_\_ = 2$ $13 - \_\_ = 10$ $16 - \_\_ = 12$

$15 - \_\_ = 11$ $14 - \_\_ = 12$ $3 - \_\_ = 0$ $6 - \_\_ = 2$

$\_\_\_\_ - 6 = 1$ $\_\_\_\_ - 5 = 4$ $\_\_\_\_ - 6 = 13$ $\_\_\_\_ - 3 = 15$

$\_\_\_\_ - 6 = 11$ $\_\_\_\_ - 5 = 14$ $\_\_\_\_ - 6 = 3$ $\_\_\_\_ - 3 = 5$

Finde verwandte Aufgaben und schreibe sie auf.

1 Euro 2 Euro 5 Euro 10 Euro 20 Euro
1 €   2 €   5 €   10 €   20 €

1 Hat Fredo recht?
Begründe.

Ich habe am wenigsten.

2 Wie viel Euro sind es?

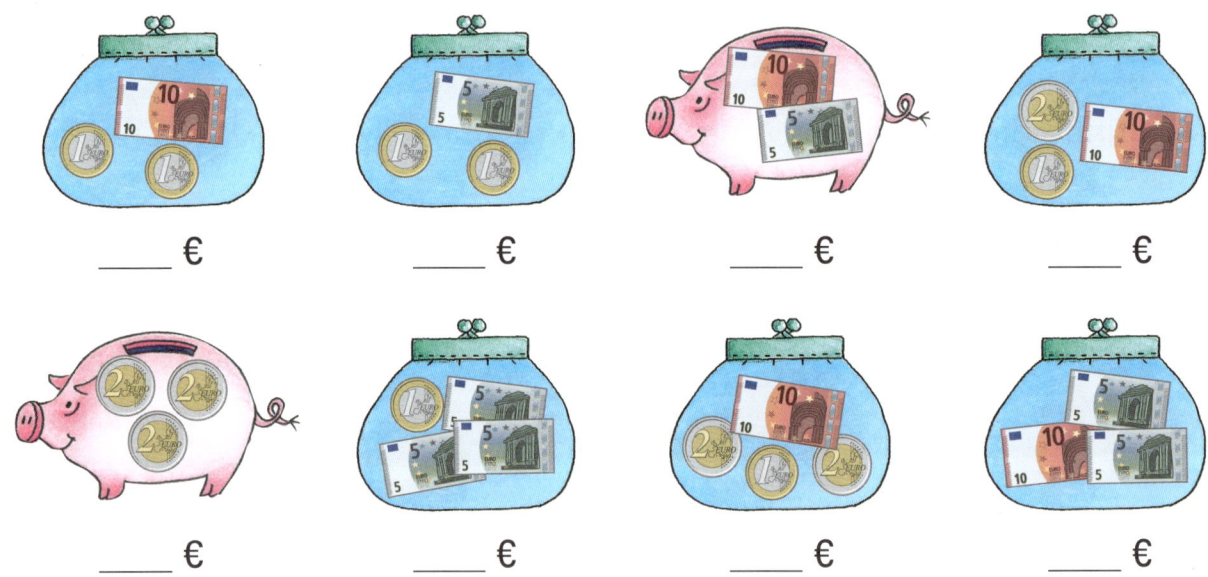

____ €   ____ €   ____ €   ____ €

____ €   ____ €   ____ €   ____ €

3 Gleich viel Euro: Verbinde.

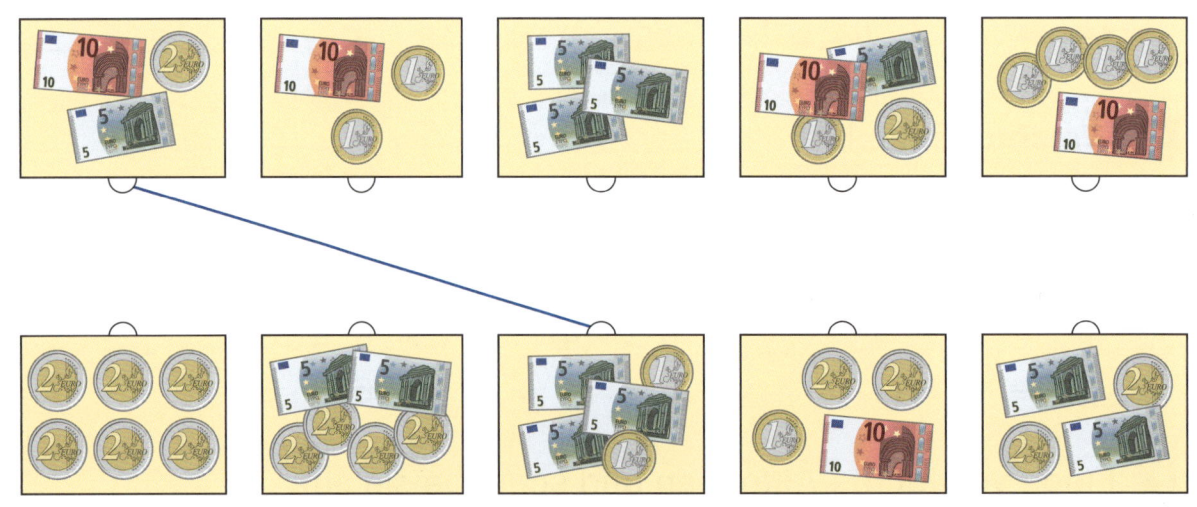

4 Lege und male. Vergleiche mit einem Partner.

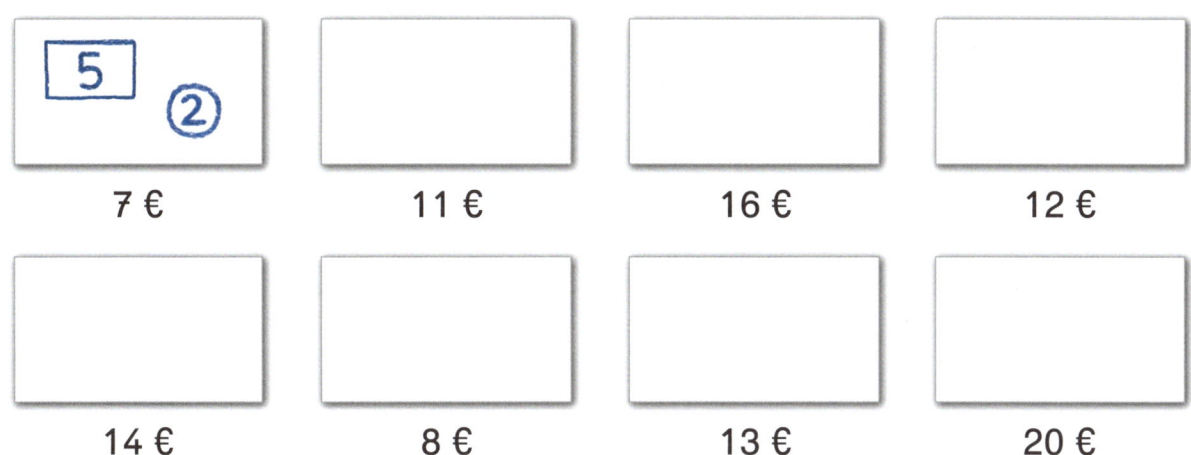

7 €	11 €	16 €	12 €
14 €	8 €	13 €	20 €

5 Immer 15 €: Finde verschiedene Möglichkeiten.

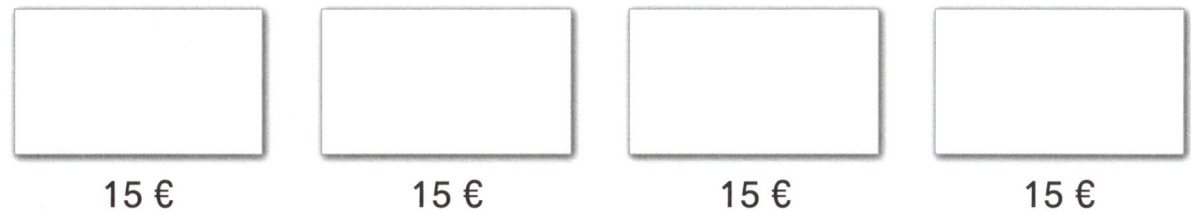

15 €   15 €   15 €   15 €

6 Welche Scheine und Münzen fehlen? Trage ein.

7 €   9 €   13 €   18 €

7 Welche Scheine und Münzen sind es? Trage ein.

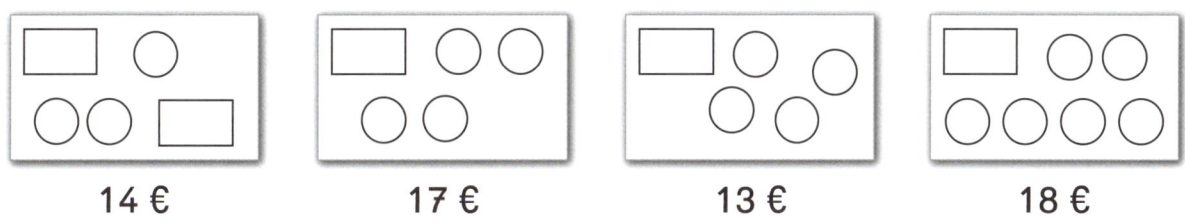

14 €   17 €   13 €   18 €

Immer 20 €:
Male oder schreibe verschiedene Möglichkeiten.

 oder   10 € + 10 €

Ich habe 5 Würfel gelegt.

Und ich habe **verdoppelt**!

5 + 5 ist gleich 10. **Das Doppelte** von 5 ist 10.

1 Wie viele Würfel hat Jette gelegt?

2 Schreibe die Verdopplungsaufgabe.

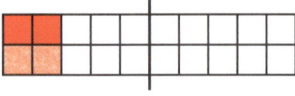

2 + ___ = ___

___ + ___ = ___

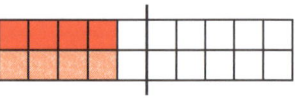

___ + ___ = ___

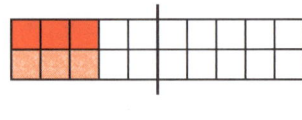

___ + ___ = ___

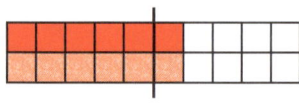

___ + ___ = ___

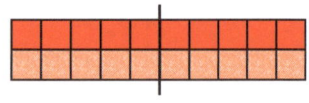

___ + ___ = ___

3 Nehmt eure Würfel. Verdoppelt wie Justus und Jette.
Schreibt die Verdopplungsaufgaben jeweils in euer Heft.

 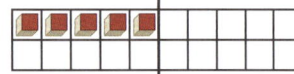   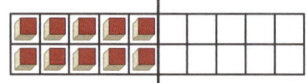   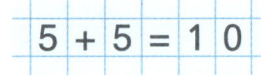

5 + 5 = 1 0

4 Verdopple.

Zahl	das Doppelte
1	2
2	4
3	
…	…
1 0	

5 Übe mit einem Partner.

Was ist das Doppelte von 5?

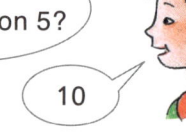

10

2 + 2   10 + 10   8 + 8

6 + 6

5 + 5   1 + 1   9 + 9

3 + 3

4 + 4   7 + 7

➡ Beilage zum Schülerbuch: Zwanzigerfeld

 1 Warum hat Jette die Würfel nicht in eine Reihe gelegt?

2 Halbiere.

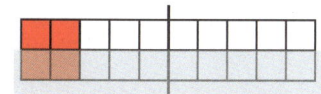

4 = __ + __

6 = __ + __

8 = __ + __

10 = __ + __

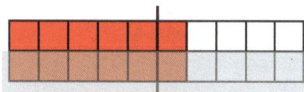

12 = __ + __

8 ist gleich 4 + 4. **Die Hälfte** von 8 ist 4.

 3 Halbiert wie Justus und Jette.

Ist das bei allen Zahlen von 1 bis 20 möglich? Erkläre.

 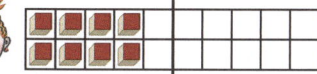 

 4 Halbiere.

Zahl	die Hälfte
1	–
2	1
3	–
4	
...	...
20	

 5 Ergänze die fehlenden Zahlen.

Zahl	die Hälfte
18	
	6
20	
	4
14	
	8

fünfter sein (von Ernst Jandl und Norman Junge)

tür auf   einer raus

einer rein

vierter sein

tür auf   einer raus

einer rein

dritter sein

tür auf   einer raus

einer rein

zweiter sein

tür auf   einer raus

einer rein

nächster sein

tür auf   einer raus

selber rein

tagherrdoktor

1.	2.	3.	4.	5.	6.	7.	…
Erster Erste	Zweiter Zweite	Dritter Dritte	Vierter Vierte	Fünfter Fünfte	Sechster Sechste	Siebter Siebte	

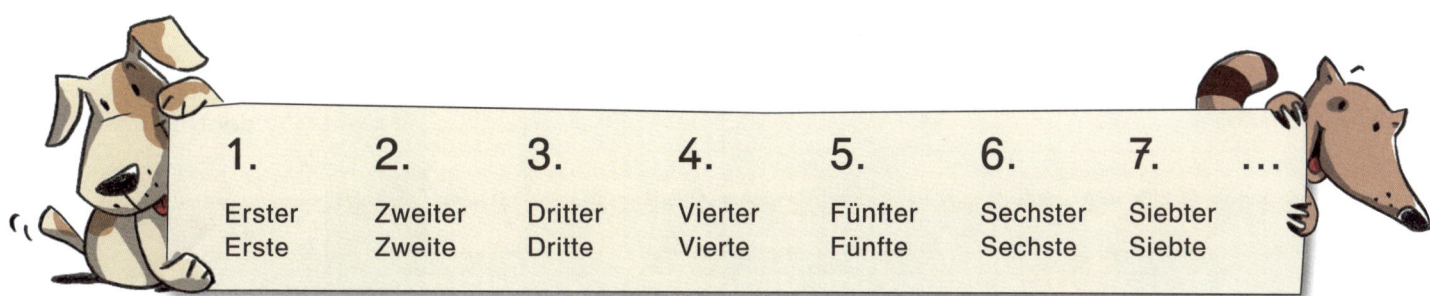

1 Welches Tier steht an welcher Stelle? Trage ein.

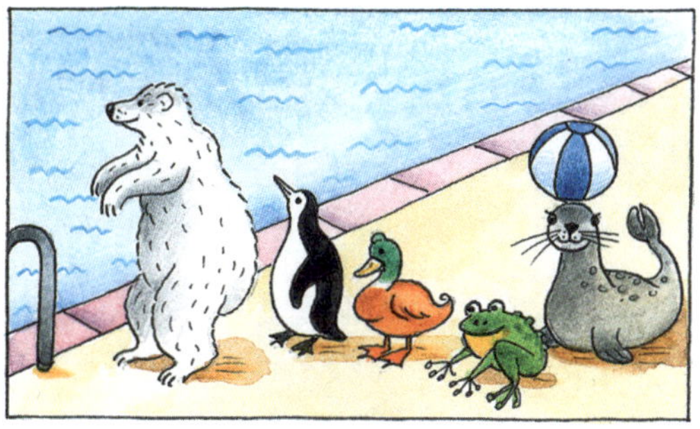

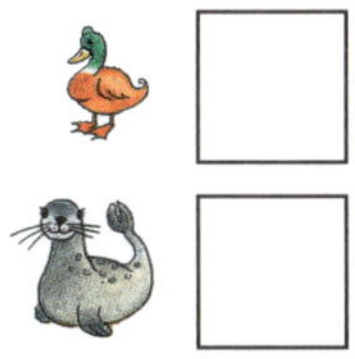

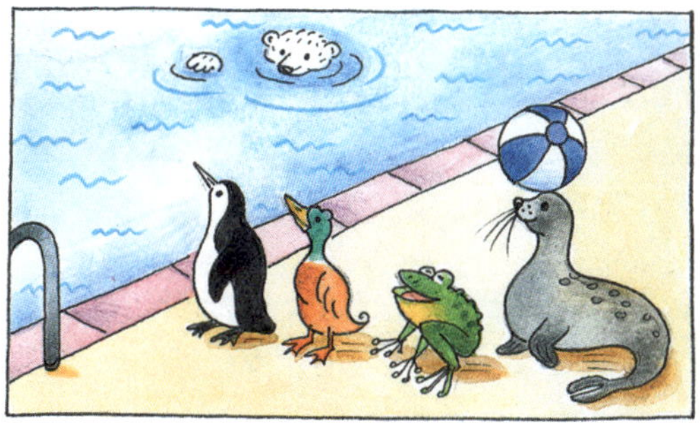

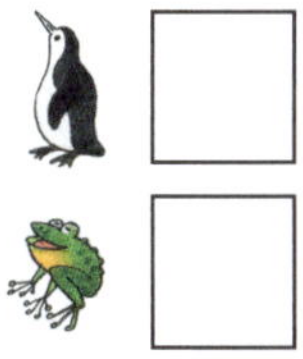

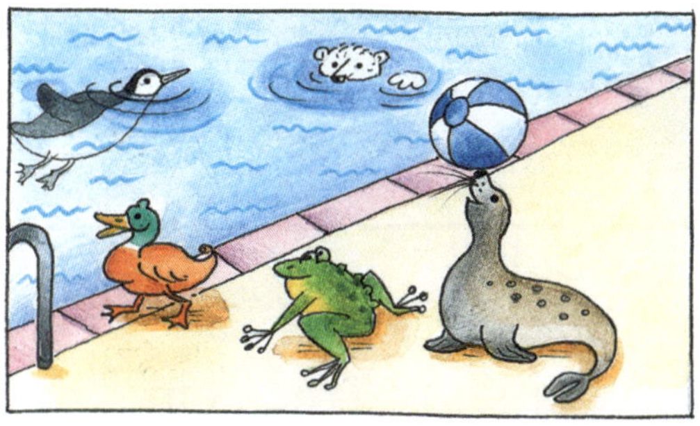

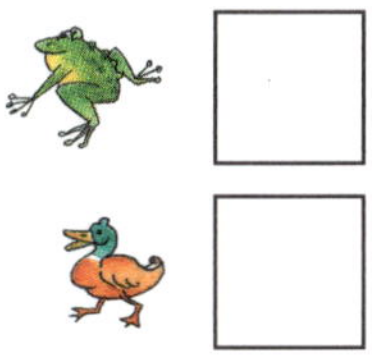

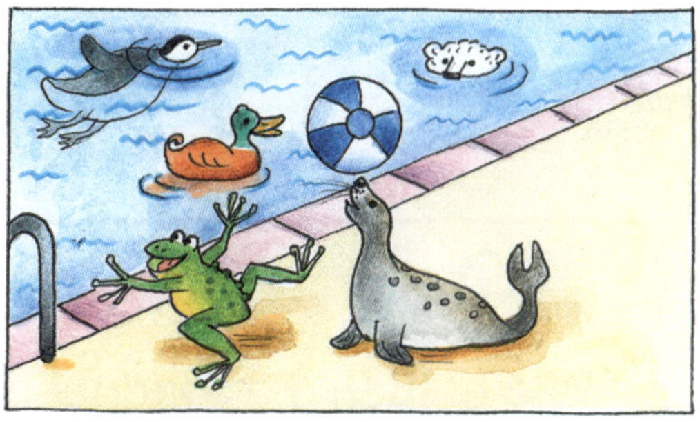

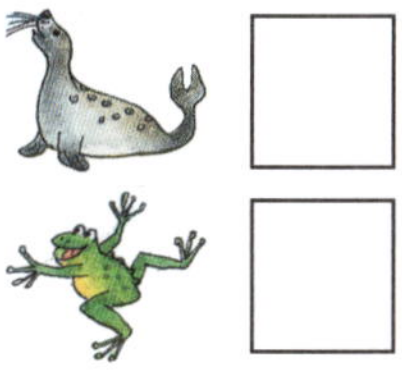

2 Schreibe auf, wer an welcher Stelle steht: **Jette** ist Zweite. **Fredo** steht vor Jette. **Justus** ist Dritter. **Frida** steht hinter Justus.

1. ____________ 2. ____________ 3. ____________ 4. ____________

3 Schreibe auf, wer an welcher Stelle steht: **Jette** steht vor Fips. **Fredo** steht vor Jette. **Justus** steht hinter **Fips**.

1. ____________ 2. ____________ 3. ____________ 4. ____________

1 + 1	1 + 2	1 + 3	1 + 4	1 + 5	1 + 6	1 + 7	1 + 8	1 + 9	1 + 10
2 + 1	2 + 2	2 + 3	2 + 4		2 + 6	2 + 7	2 + 8	2 + 9	2 + 10
3 + 1	3 + 2		3 + 4	3 + 5	3 + 6	3 + 7	3 + 8	3 + 9	3 + 10
	4 + 2	4 + 3	4 + 4	4 + 5	4 + 6	4 + 7	4 + 8	4 + 9	4 + 10
5 + 1		5 + 3	5 + 4	5 + 5	5 + 6	5 + 7	5 + 8	5 + 9	5 + 10
6 + 1	6 + 2	6 + 3	6 + 4	6 + 5	6 + 6	6 + 7	6 + 8	6 + 9	6 + 10
7 + 1	7 + 2	7 + 3	7 + 4	7 + 5	7 + 6	7 + 7	7 + 8		7 + 10
8 + 1	8 + 2	8 + 3	8 + 4		8 + 6	8 + 7	8 + 8	8 + 9	8 + 10
9 + 1	9 + 2	9 + 3	9 + 4	9 + 5	9 + 6	9 + 7	9 + 8	9 + 9	9 + 10
10 + 1	10 + 2	10 + 3	10 + 4	10 + 5	10 + 6	10 + 7	10 + 8	10 + 9	10 + 10

Was ist mit der Null?

■ Partneraufgaben: zusammen 10

■ Verdopplungsaufgaben

■ Aufgaben mit + 10

■ Aufgaben mit 10 +

1 Schau dir die Plustafel an. Was fällt dir auf?

2 Wie heißen die Aufgaben in den freien Feldern? Trage ein.

3 Welche Aufgaben sind es? ■ oder ■ oder ■ oder ■ ?

2 + 2 = _4_	3 + 3 = ____	1 + 9 = ____	5 + 10 = ____
8 + 2 = ____	10 + 8 = ____	10 + 1 = ____	6 + 6 = ____
10 + 2 = ____	7 + 3 = ____	6 + 4 = ____	9 + 1 = ____

4 Wie viele Aufgaben stehen in der Plustafel?
Wie hast du das herausgefunden?

 Suche dir Aufgaben aus, die du schon gut rechnen kannst.

➡ S. 127: Große Hundertertafel

1 Entdeckerpäckchen mit der Schablone: Rechne. Was fällt dir auf?

5 + 3	= ____
6 + 3	= ____
7 + 3	= ____
8 + 3	= ____

2 + 6	= ____
3 + 6	= ____
__ + __	= ____
__ + __	= ____

Die erste Zahl ...

Die zweite Zahl ...

Das Ergebnis ...

... bleibt immer gleich.

... wird immer um ... kleiner.

... wird immer um ... größer.

2 Entdeckerpäckchen: Welche Zahlen verändern sich? Kreise ein.

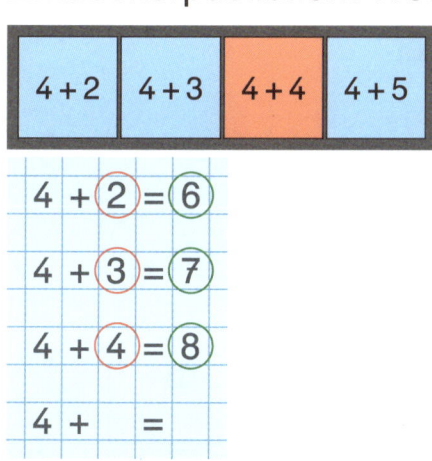

| 4 + 2 | 4 + 3 | 4 + 4 | 4 + 5 |

$4 + ②= ⑥$

$4 + ③= ⑦$

$4 + ④= ⑧$

$4 + \quad =$

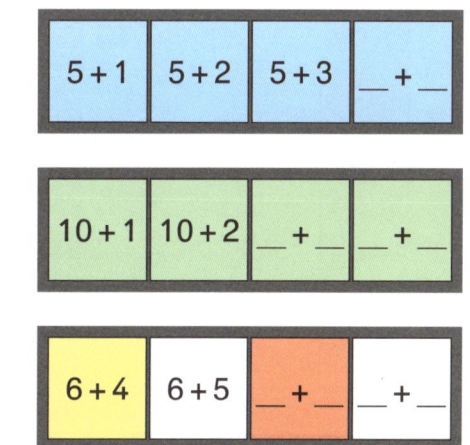

| 5 + 1 | 5 + 2 | 5 + 3 | __ + __ |

| 10 + 1 | 10 + 2 | __ + __ | __ + __ |

| 6 + 4 | 6 + 5 | __ + __ | __ + __ |

3 Entdeckerpäckchen: Welche Zahlen verändern sich? Kreise ein.

6 + 2	2 + 6	6 + 10	10 + 6	__ + __	__ + __
7 + 2	2 + 7	7 + __	__ + __	__ + __	__ + __
8 + 2	2 + __	__ + __	__ + __	__ + __	__ + __
__ + __	__ + __	__ + __	__ + __	__ + __	__ + __

4 Bilde Entdeckerpäckchen. Rechne.

| 7+3 | 5+7 | 7+4 | 4+8 | 4+7 | 3+8 | 7+5 | 6+7 | 3+7 | 7+6 | 5+8 | 6+8 |

Finde selbst Entdeckerpäckchen mit der Schablone.

→ S. 127: Große Hundertertafel

📖 **1** Rechne die Verdopplungsaufgaben.

📖 **2** Rechne zuerst die Verdopplungsaufgabe.
Welche Zahlen verändern sich? Kreise ein.

> die Nachbaraufgabe
> die Verdopplungs-
> aufgabe

a)

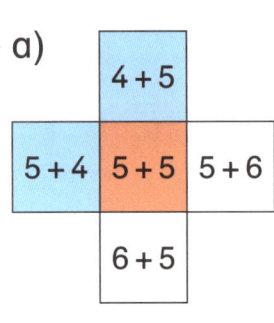

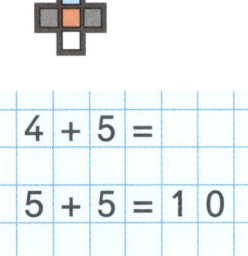

| 4 + 5 = |
| 5 + 5 = 1 0 |
| 6 + 5 = |

| 5 + 4 = |
| 5 + 5 = |
| 5 + 6 = |

b) 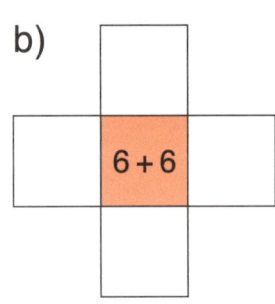   6 + 6

c) 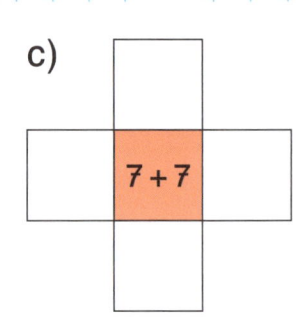   7 + 7

d)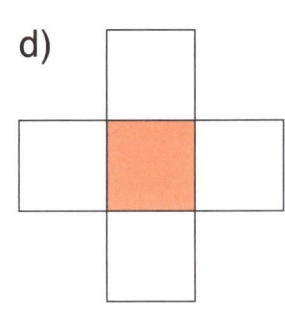

📕 Finde weitere Aufgaben mit der Schablone.

3 Wird das Ergebnis um ‚1 kleiner‘ oder um ‚1 größer‘?

| 7 + 6 | ist um ___1 kleiner___ als | 7 + 7 |.   Ich rechne: | 7 + 7 | − 1 = ____

| 6 + 7 | ist um _____ als | 7 + 7 |.   Ich rechne: | 7 + 7 | − 1 = ____

| 7 + 8 | ist um _____ als | 7 + 7 |.   Ich rechne: | 7 + 7 | + 1 = ____

| 8 + 7 | ist um _____ als | 7 + 7 |.   Ich rechne: | 7 + 7 | + 1 = ____

84

4 Fülle die Felder aus. Was fällt dir auf?

Jetzt übe ich die Nachbaraufgaben mit der 9!

9+3	9+__	__+__
10+3	10+5	10+6

8+9	8+10
__+__	6+10

5 Rechne die Aufgaben mit der 10.

Aufgaben mit der 10 sind leicht!

10 + 2 = ____   3 + 10 = ____

10 + 9 = ____   6 + 10 = ____

10 + 1 = ____   2 + 10 = ____

10 + 8 = ____   9 + 10 = ____

6 Wird das Ergebnis um ⟨ 1 kleiner ⟩ oder um ⟨ 1 größer ⟩ ?

9+3 ist um ___1 kleiner___ als 10+3.   Ich rechne: 10+3 – 1 = ____

9+5 ist um _____ als 10+5.   Ich rechne: 10+5 – 1 = ____

4+9 ist um _____ als 4+10.   Ich rechne: 4+10 – 1 = ____

7+9 ist um _____ als 7+10.   Ich rechne: 7+10 – 1 = ____

7

10 + 7 = ____   10 + 4 = ____   10 + 5 = ____   10 + 6 = ____

9 + 7 = ____   9 + 4 = ____   9 + __ = ____   ____ + __ = ____

5 + 10 = ____   8 + 10 = ____   4 + 10 = ____   7 + 10 = ____

5 + 9 = ____   8 + 9 = ____   4 + __ = ____   __ + ____ = ____

8 Schreibe immer die passende Aufgabe mit der 10 dazu.
Rechne sie zuerst aus.

| 9+8 | 9+5 | 9+3 | 9+7 | 9+4 | 8+9 | 4+9 | 6+9 | 3+9 |

die Partneraufgabe

1 Wie heißen die Partneraufgaben? Trage ein.

2

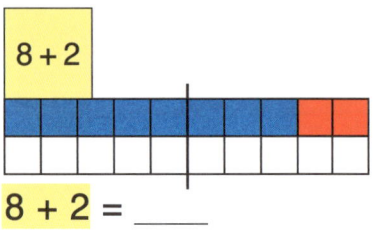

8 + 2 = ____

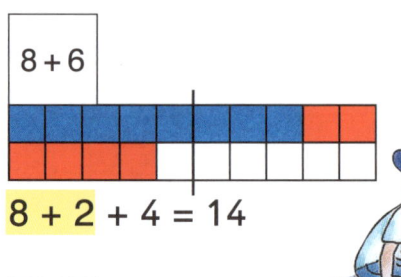

8 + 2 + 4 = 14

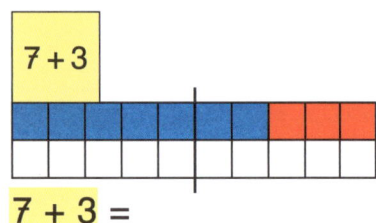

7 + 3 = ____

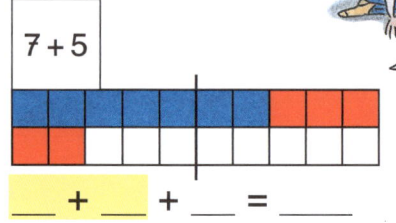

__ + __ + __ = ____

Ich mache erst die Reihe voll.

8+6

3 Rechne.

6 + 4 + 5 = ____   8 + 2 + 5 = ____   7 + 3 + 6 = ____   5 + 5 + 2 = ____

6 + 4 + 3 = ____   8 + 2 + 3 = ____   7 + 3 + 4 = ____   5 + 5 + 3 = ____

9 + 1 + 4 = ____   6 + 4 + 4 = ____   5 + 5 + 1 = ____   3 + 7 + 2 = ____

9 + 1 + 7 = ____   6 + 4 + 2 = ____   5 + 5 + 4 = ____   3 + 7 + 1 = ____

4 Lege und rechne mit den Partneraufgaben.

5 + 8 = ____   6 + 7 = ____   7 + 4 = ____
5 + __ + __ = ____ 6 + __ + __ = ____ 7 + __ + __ = ____

7 + 5 = ____   8 + 6 = ____   9 + 7 = ____
__ + __ + __ = ____ __ + __ + __ = ____ __ + __ + __ = ____

5 a) Finde alle Aufgaben in der Plustafel zum Ergebnis 13, 15 und 17 und notiere sie.

b) Welches Ergebnis kommt am häufigsten in der Plustafel vor?

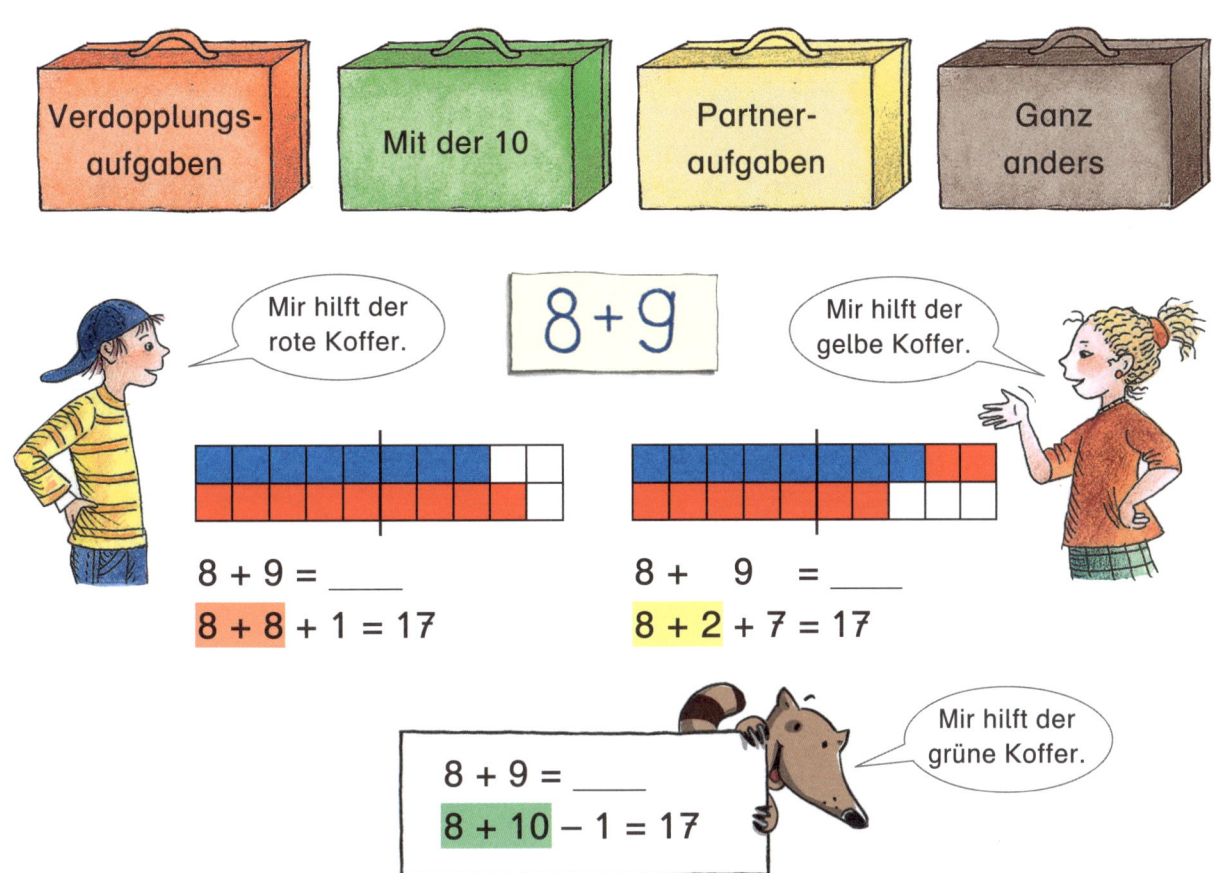

 1 Erkläre die drei Rechenwege.

 2 Wie rechnest du die Aufgaben? Überlege zuerst. Verbinde.
Schreibe deinen Rechenweg auf.

Suche dir 10 weiße Aufgaben von der Plustafel aus. Rechne auf deinem Weg.

WOCHENAUFGABE:
Schreibe jeden Tag 2 weiße Aufgaben auf einen Zettel und übe sie immer wieder. Übe mit einem Partner.

1   Wer hat mehr Geld? Erkläre.

2   Wie viel Cent sind es?

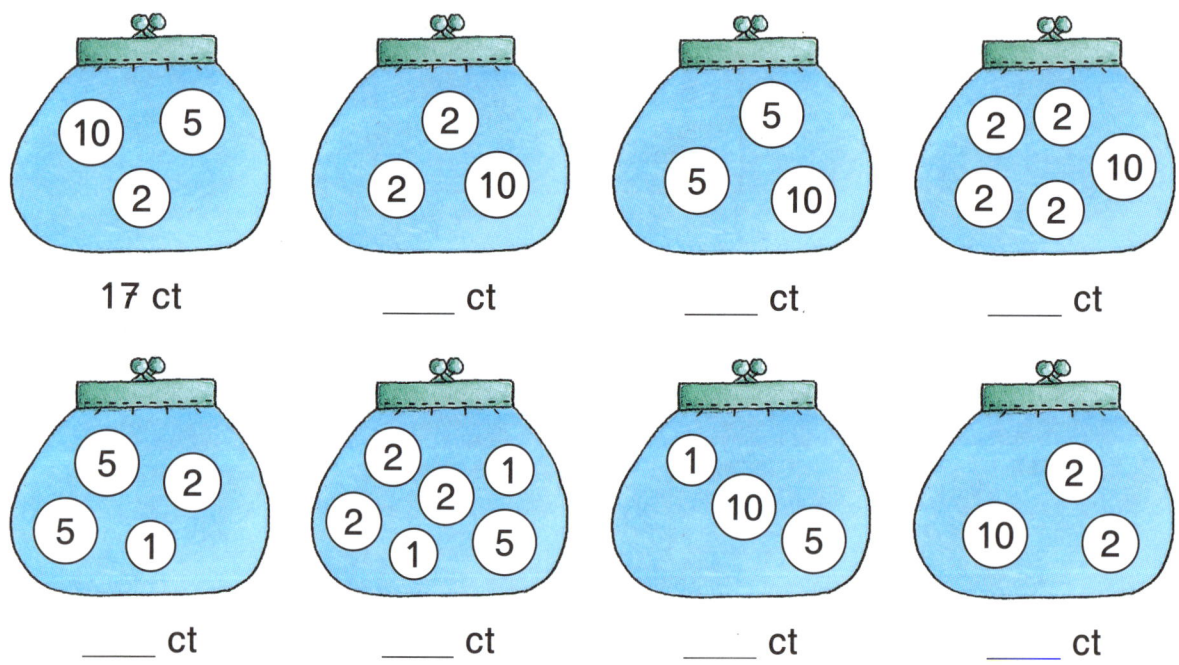

17 ct   ___ ct   ___ ct   ___ ct

___ ct   ___ ct   ___ ct   ___ ct

3   Gleich viel Cent: Verbinde.

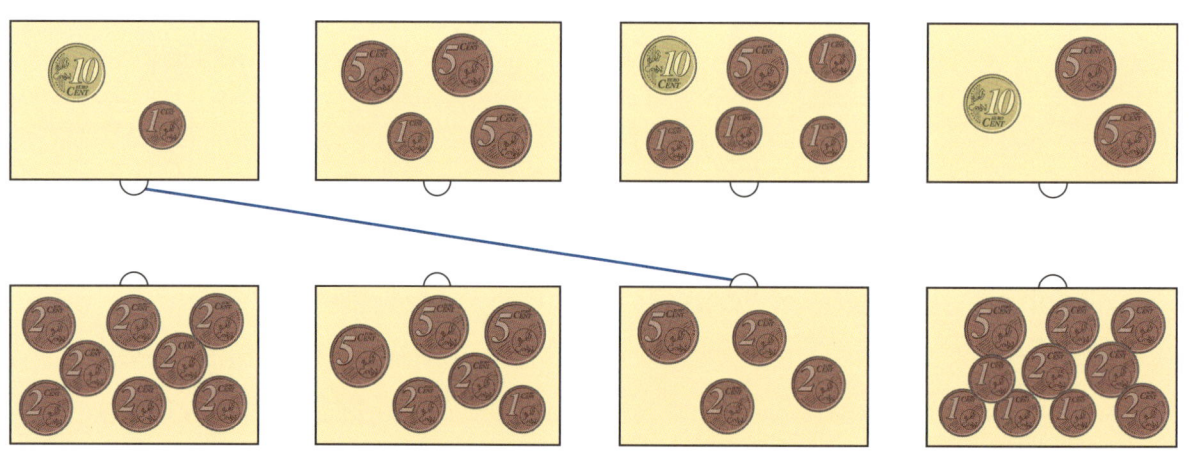

Beilage zum Schülerbuch: Rechengeld

4 ① ② ⑤ ⑩ Immer **zwei** Münzen: Zeichne.

① ①				
2 ct	3 ct	4 ct	6 ct	7 ct

10 ct	11 ct	12 ct	15 ct	20 ct

5 Ergänze.

⑤ ⑩ ②	⑤ ⑩	① ⑩	⑤ ⑤
17 ct	19 ct	13 ct	14 ct

6 Welche Münzen sind es?

⑤ ○ ○ ○	○ ○ ② ○ ○	⑩ ○ ○ ② ○ ○	○ ○ ⑤ ○ ○ ⑤
11 ct	9 ct	18 ct	20 ct

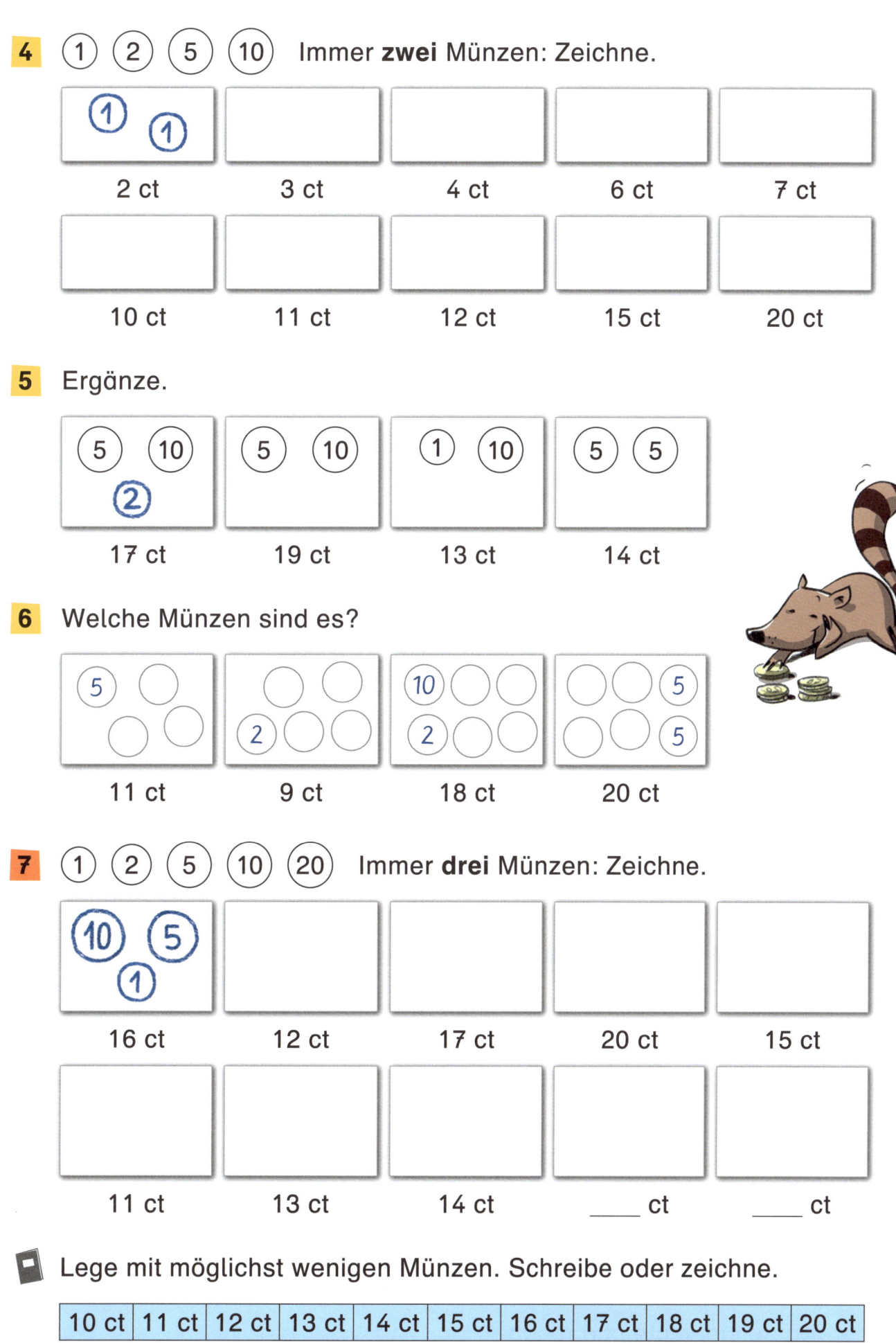

7 ① ② ⑤ ⑩ ⑳ Immer **drei** Münzen: Zeichne.

⑩ ⑤ ①				
16 ct	12 ct	17 ct	20 ct	15 ct

11 ct	13 ct	14 ct	_____ ct	_____ ct

Lege mit möglichst wenigen Münzen. Schreibe oder zeichne.

10 ct	11 ct	12 ct	13 ct	14 ct	15 ct	16 ct	17 ct	18 ct	19 ct	20 ct

1   Erzähle zum Bild.

2   Wie viel kostet es?

__ € + __ € = ____ €

__ € + __ € = ____ €

__ € + __ € = ____ €

__ € + __ € = ____ €

3   Wie viel kostet es?

__ € + __ € = ____ €

__ € + __ € = ____ €

__ € + __ € + __ € = ____ €

__ € + __ € + __ € = ____ €

Kaufe ein. Male und rechne.

4 Was ist noch im Einkaufswagen? Male oder schreibe.

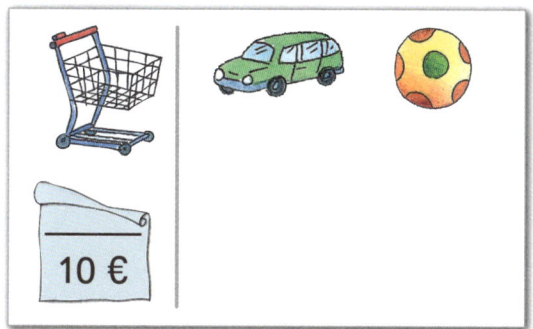

5

Finde selbst Aufgaben mit dem Einkaufswagen. Dein Partner löst sie.

6 Wie viel Euro kosten 2 Stück?

⚽	3 €
⚽ ⚽	____ €

🚗	5 €
🚗 🚗	____ €

📘	8 €
📘 📘	____ €

7 Wie viel kostet 1 Stück?

🧸	____ €
🧸 🧸	14 €

🍬	____ €
🍬 🍬	6 €

🏓	____ €
🏓 🏓	18 €

1 Wie heißt die passende Umkehraufgabe?

5 + 6 = _11_   13 − 7 = __

4 + 8 = ___   14 − 5 = __

9 + 5 = ___   11 − 6 = __

6 + 7 = ___   12 − 8 = __

7 + 4 = ___   11 − 4 = __

8 + 6 = ___   12 − 3 = __

9 + 3 = ___   14 − 6 = __

2 Partneraufgaben und ihre Umkehraufgaben: Rechne.

7 + 3	8 + 2	6 + 4	9 + 1
3 + 7	2 + 8	_ + _	_ + _

   _ + _

```
7 + 3 = 1 0
1 0 − 3 =

3 + 7 = 1 0
1 0 − 7 =
```

3 Rechne. Finde zu jeder Aufgbe die passende Umkehraufgabe.

8 + 5 = ___   7 + 9 = ___   8 + 7 = ___   5 + 7 = ___
_____   _____   _____   _____

8 + 4 = ___   9 + 4 = ___   6 + 5 = ___   8 + 6 = ___
_____   _____   _____   _____

9 + 8 = ___   8 + 8 = ___   6 + 7 = ___   4 + 9 = ___

Rechne Aufgaben mit ihren Umkehraufgaben.

4 Bilde mit 3 Zahlen 4 Aufgaben.

| 7 | 5 | 12 | | 6 | 8 | 14 | | 8 | 4 | 12 | | 5 | 6 | 11 |

7 + 5 = ____   6 + 8 = ____   _____   _____

5 + __ = ____   8 + __ = ____   _____   _____

12 – __ = ____   14 – __ = ____   _____   _____

12 – __ = ____   14 – __ = ____   _____   _____

5 3 Zahlen – 4 Aufgaben: Rechne.

| 7 | 13 | 6 | | 12 | 3 | 9 | | 8 | 5 | 13 |

| 6 | ? | ? | | ? | ? | 11 | | ? | 4 | ? |

6 3 Zahlen – 4 Aufgaben: Welche Zahlen gehören zusammen?
Notiere.

Alles durcheinander!

10   7   8   4

12   6   9   17

15

3 Zahlen – 4 Aufgaben:
Finde 3 passende Zahlen und rechne die 4 Aufgaben.

7 Rechne.

7 + __ = 11	__ + 6 = 13	6 + __ = 15	14 – __ = 8
4 + __ = 11	__ + 7 = 13	9 + __ = 15	__ – 8 = 6
__ + 7 = 11	6 + __ = 13	__ + 9 = 15	__ + 6 = 14
__ + 4 = 11	7 + __ = 13	__ + 6 = 15	6 + __ = 14
11 – __ = 7	13 – __ = 7	__ – 9 = 6	__ + 8 = 14
11 – __ = 4	__ – 7 = 6	__ – 6 = 9	8 + __ = 14

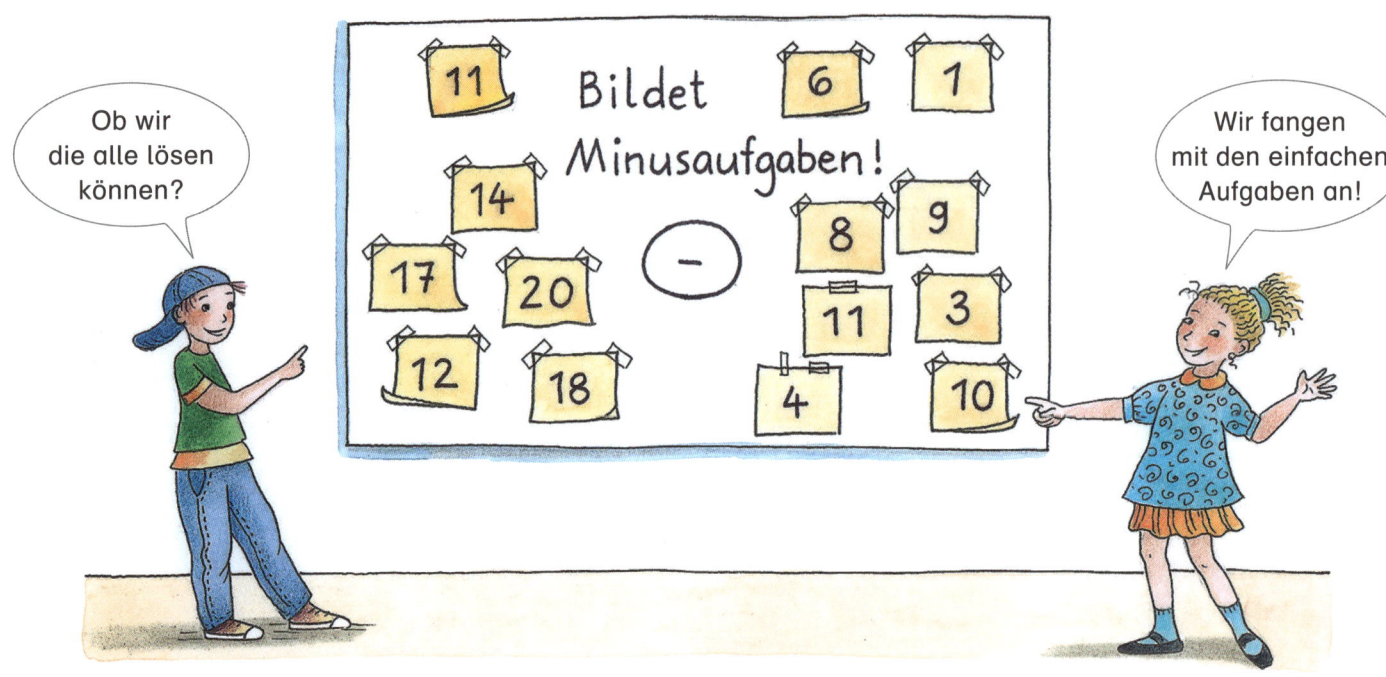

1 Jette findet diese Aufgaben einfach. Löse sie.
Findest du sie auch einfach? Begründe.

17 – 4 = ____   14 – 1 = ____   18 – 4 = ____   17 – 1 = ____
18 – 3 = ____   18 – 6 = ____   17 – 6 = ____   12 – 1 = ____

Findest du ähnliche Aufgaben? Schreibe sie auf.

2 Bilde Aufgaben, die für dich einfach sind.

19 – ___   18 – ___   17 – ___   ___ – 1
19 – ___   18 – ___   17 – ___   ___ – 1
19 – ___   18 – ___   17 – ___   ___ – 1
19 – ___   18 – ___   17 – ___   ___ – 1

3 Justus löst diese Aufgaben. Kannst du das auch?

18 – 10   12 – 10   20 – 10   17 – 10

Finde ähnliche Aufgaben: ___ – 10 = ___
Begründe: Was macht die Aufgaben einfach?

Finde Aufgaben, die für dich einfach sind: 20 – ___ = ___
Schreibe sie auf.

4 Rechne wie Jette.

11 − 8 = __	11 − 7 = __	13 − 8 = __
8 + 3 = 11	**7 + __ = 11**	**8 + __ = 13**
12 − 9 = __	16 − 13 = __	19 − 15 = __
9 + __ = 12	**13 + __ = 16**	**15 + __ = 19**

Ich rechne 8 + __ = 11.

5 Rechne wie Justus.

14 − 9 = __	17 − 9 = __	16 − 9 = __
14 − 10 = 4	**17 − 10 = __**	**16 − 10 = __**
15 − 9 = __	13 − 9 = __	12 − 9 = __
15 − 10 = __	**13 − 10 = __**	**12 − 10 = __**

Ich rechne 14 − 10 + 1.

6 Rechne wie Fredo.

17 − 8 = __	13 − 6 = __	15 − 7 = __
16 − 8 = 8	**12 − 6 = __**	**14 − 7 = __**
16 − 7 = __	12 − 5 = __	14 − 6 = __
16 − 8 = __	**12 − 6 = __**	**14 − 7 = __**

Ich denke an die Verdopplungsaufgaben.

 7 Rechne auf deinem Weg.

| 11 − 9 | 13 − 7 | 18 − 9 | 15 − 7 |
| 12 − 8 | 14 − 8 | 17 − 15 | 16 − 8 |

Vergleicht eure Rechenwege.

1 Erkläre, wie Jette rechnet.

2 Lege und rechne.

14 – 8 = __   17 – 8 = __   12 – 4 = __
14 – 4 – 4 = __   17 – __ – __ = __   12 – __ – __ = __

11 – 5 = __   15 – 9 = __   12 – 9 = __
__ – __ – __ = __   __ – __ – __ = __   __ – __ – __ = __

3 Minusaufgaben: Streiche durch und rechne.

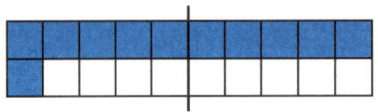
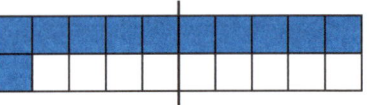

12 – 7 = __   11 – 8 = __   11 – 4 = __
12 – 2 – 5 = __   11 – 1 – __ = __   11 – __ – __ = __

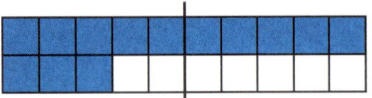
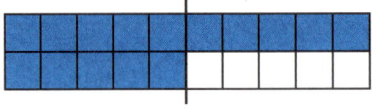
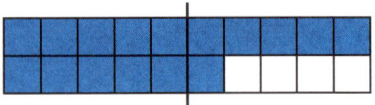

13 – 7 = __   15 – 6 = __   16 – 7 = __
13 – __ – __ = __   15 – __ – __ = __   16 – __ – __ = __

4 Rechne bis zur 10 und dann weiter.

13 – 5   13 – 8   12 – 7   13 – 4   14 – 8
14 – 7   17 – 9   12 – 5   16 – 9   12 – 6
16 – 7   11 – 6   15 – 9   11 – 5   15 – 7

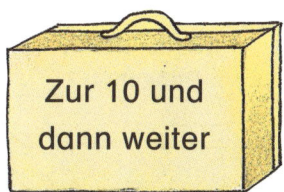

Zur 10 und dann weiter

$14 - 5 = \underline{\hspace{1cm}}$
$14 - 4 - 1 = \underline{\hspace{1cm}}$

Mit der 10

$14 - 9 = \underline{\hspace{1cm}}$
$14 - 10 + 1 = \underline{\hspace{1cm}}$

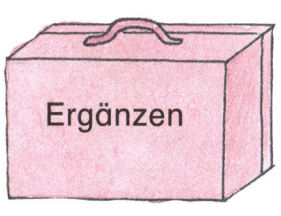

Ergänzen

$11 - 8 = \underline{\hspace{1cm}}$
$8 + \underline{\hspace{1cm}} = 11$

1 Welchen Werkzeugkoffer nutzt du? Rechne.

$12 - 8$	$14 - 7$	$15 - 9$	$11 - 9$	$12 - 4$
$12 - 6$	$13 - 9$	$16 - 7$	$18 - 9$	$14 - 9$
$12 - 9$	$14 - 6$	$14 - 8$	$17 - 8$	$11 - 7$

Vergleicht eure Rechenwege.

2 Rechne.

$11 - 4$	$16 - 8$	$12 - 5$	$13 - 6$	$11 - 3$
$13 - 7$	$18 - 9$	$17 - 9$	$15 - 8$	$16 - 9$
$14 - 5$	$15 - 7$	$14 - 8$	$16 - 9$	$13 - 5$

3 Tintenkleckse: Welche Zahlen sind versteckt?

$11 - \boxed{} = 7$ $14 - \boxed{} = 9$ $16 - \boxed{} = 8$ $12 - \boxed{} = 4$

$15 - \boxed{} = 8$ $17 - \boxed{} = 9$ $13 - \boxed{} = 6$ $11 - \boxed{} = 3$

4 Rechenrätsel

Ich denke mir eine Zahl. Ich nehme 8 weg und erhalte 8.

Ich denke mir eine Zahl. Ich nehme 5 weg und erhalte 9.

Ich denke mir eine Zahl. Ich nehme 7 weg und erhalte 4.

Finde viele Minusaufgaben zu diesen Ergebnissen:

Ergebnis 7   Ergebnis 9   Ergebnis 5

Die 1. Zahl wird immer um 1 größer.

Hier bleibt aber die 1. Zahl immer gleich.

Und was ist mit meinem Päckchen?

$5 + 2 = 7$
$6 + 2 = 8$
$7 + 2 = 9$
$8 + 2 = 10$

$5 + 8 = 13$
$5 + 7 = 12$
$5 + 6 = 11$
$5 + 5 = 10$

$13 + 1 = 14$
$12 + 2 = 14$
$11 + 3 = 14$
$10 + 4 = 14$

Die erste Zahl …

Die zweite Zahl …

Das Ergebnis …

… wird immer um … größer.

… wird immer um … kleiner.

… bleibt immer gleich.

1 Entdeckerpäckchen: Was fällt dir auf?
Kreise ein und schreibe die Sätze auf.

2 Lege und rechne.

$6 + 1 =$ ____ $5 + 7 =$ ____ $6 + 1 =$ ____
$6 + 2 =$ ____ $5 + 6 =$ ____ $5 + 2 =$ ____
$6 + 3 =$ ____ $5 + 5 =$ ____ $4 + 3 =$ ____
$6 + 4 =$ ____ $5 + 4 =$ ____ $3 + 4 =$ ____

3 Rechne.

$12 + 5 =$ ____ $15 + 3 =$ ____
$11 + 5 =$ ____ $14 + 4 =$ ____
$10 + 5 =$ ____ $13 + 5 =$ ____
$9 + 5 =$ ____ $12 + 6 =$ ____

4 Rechne.

$2 +$ ____ $= 15$ ____ $+ 2 = 20$
$3 +$ ____ $= 15$ ____ $+ 3 = 20$
$4 +$ ____ $= 15$ ____ $+ 4 = 20$
$5 +$ ____ $= 15$ ____ $+ 5 = 20$

5 Wie geht es weiter? Rechne.

$2 + 4$ $3 + 5$ $2 + 5$ $5 + 2$
$4 + 4$ $3 + 6$ $3 + 4$ $5 + 4$
$6 + 4$ $3 + 7$ $4 + 3$ $5 + 6$
…   …   …   …

6 Finde ein Pluspäckchen, bei dem das Ergebnis immer gleich bleibt.

Finde eigene Entdeckerpäckchen mit Plusaufgaben.

Auch bei Minusaufgaben kann man etwas entdecken.

Aber etwas ist anders!

10 − 5 = 5	17 − 6 = 11	14 − 6 = 8
11 − 5 = 6	17 − 5 = 12	13 − 5 = 8
12 − 5 = 7	17 − 4 = 13	12 − 4 = 8
13 − 5 = 8	17 − 3 = 14	11 − 3 = 8

Die erste Zahl …

… wird immer um … größer.

Die zweite Zahl …

… wird immer um … kleiner.

Das Ergebnis …

… bleibt immer gleich.

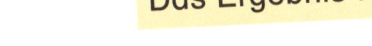

7 Entdeckerpäckchen: Was fällt dir auf?
Kreise ein und schreibe die Sätze auf.

8 Lege und rechne.

8 − 1 = __	9 − 5 = __	11 − 3 = __	16 − 5 = ___
8 − 2 = __	9 − 4 = __	10 − 3 = __	15 − 4 = ___
8 − 3 = __	9 − 3 = __	9 − 3 = __	14 − 3 = ___
8 − 4 = __	9 − 2 = __	8 − 3 = __	13 − 2 = ___

9 Rechne.

17 − 3 = ___	15 − 5 = ___
16 − 4 = ___	14 − 5 = ___
15 − 5 = ___	13 − 5 = ___
14 − 6 = ___	12 − 5 = ___

10 Rechne.

12 − __ = 7	___ − 2 = 12
13 − __ = 7	___ − 3 = 12
14 − __ = 7	___ − 4 = 12
15 − __ = 7	___ − 5 = 12

11 Wie geht es weiter? Rechne.

19 − 3	19 − 5	12 − 4	19 − 4
18 − 3	19 − 6	13 − 5	17 − 4
17 − 3	19 − 7	14 − 6	15 − 4
…	…	…	…

12 Finde Minuspäckchen:
▶ Das Ergebnis wird immer um 1 größer.
▶ Das Ergebnis wird immer um 1 kleiner.
▶ Das Ergebnis bleibt immer gleich.

1 Welche Fragen kannst du sicher mithilfe des Bildes beantworten?
Kreuze an.

☐ Wie viele  sind auf der Wiese?

☐ Welche Farben haben die  ?

☐ In welche Klasse gehen die  ?

☐ Wie viele 🦋🦋 siehst du?

☐ Wie viele 🐌 sind in ihrem Haus?

☐ Wie spät ist es?

☐ Wie viele Tiere siehst du?

☐ Warum läuft das 🏃 weg?

Auf der Wiese
ist Löwenzahn.

👥 Vergleiche mit einem Partner.

📕 Finde selbst Fragen zum Bild. Schreibe sie auf.

100

2 Finde zu jeder Aufgabe das passende Bild. Verbinde.

2 + 5 + 6 = ____   8 + 3 = ____   12 − 4 = ____

9 + 8 = ____   5 − 1 = ____   15 + 3 = ____

  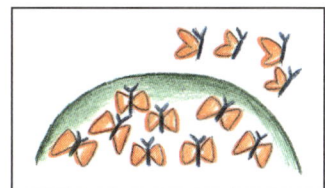

3 Was gehört zusammen? Verbinde.

Auf einer Blume
sind 7 Raupen.
4 Raupen krabbeln dazu.

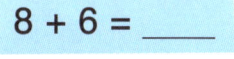 8 + 6 = ____

9 + 4 = ____

8 Bienen sitzen
auf Blüten.
6 Bienen fliegen dazu.

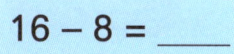 16 − 8 = ____

9 − 4 = ____

Ina hat 16 Blumen.
8 davon schenkt sie ihrer
Freundin Lea.

16 − 6 = ____

7 + 4 = ____

Finde zu den übrigen Aufgaben selbst Rechengeschichten
zur Wiese. Male Bilder dazu.

Die kleine Hexe (Volksgut)

Morgens früh um **sechs**
kommt die kleine Hex'.

Morgens früh um **sieben**
schabt sie gelbe Rüben.

Morgens früh um **acht**
wird Kaffee gemacht.

Morgens früh um **neun**
geht sie in die Scheun'.

Morgens früh um **zehn**
holt sie Holz und Spän'.

Feuert an um **elf**,

kocht dann bis um **zwölf**
Fröschebein und Krebs und Fisch.
Hurtig, Kinder, kommt zu Tisch!

  Was hast du gemacht? Male.

1 Wer hat recht?

2 Vervollständige die Uhr.

3 Nehmt eure Lernuhr. Einer nennt eine Uhrzeit, der andere stellt sie ein.

der **Stundenzeiger**
der **Minutenzeiger**

4 Wie spät ist es? Verbinde.

| 3 Uhr | 1 Uhr | 5 Uhr | 6 Uhr | 7 Uhr | 2 Uhr |

| 18 Uhr | 19 Uhr | 13 Uhr | 14 Uhr | 15 Uhr | 17 Uhr |

5 Wie spät ist es?

___ Uhr   ___ Uhr   ___ Uhr   ___ Uhr   ___ Uhr   ___ Uhr

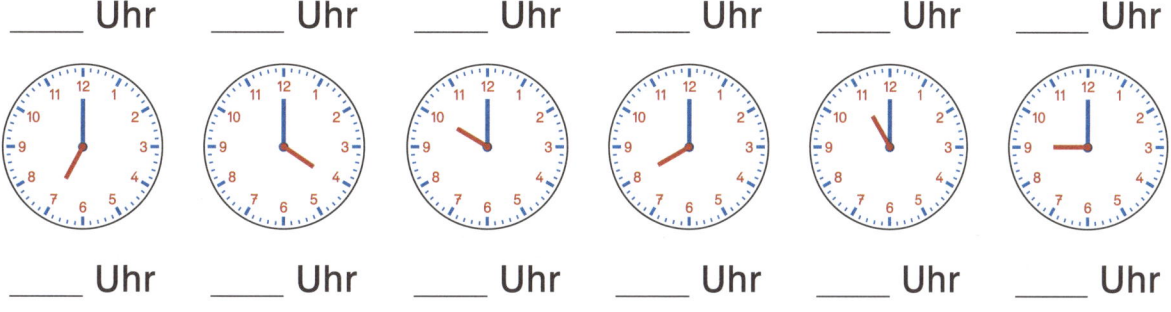

___ Uhr   ___ Uhr   ___ Uhr   ___ Uhr   ___ Uhr   ___ Uhr

Ein Wochentag mit Justus

1   Trage zuerst die Uhrzeiten ein. Wie lange dauert es?

____ Uhr	____ Stunden →	____ Uhr	12:00
____ Uhr	____ Stunden →	____ Uhr	16:00
____ Uhr	____ Stunden →	____ Uhr	18:00
 ____ Uhr	 ____ Stunde →	 ____ Uhr	 19:00

2

____ Uhr	____ Stunden →	____ Uhr	7:00

3   Wie lange dauert es?

Beginn	Dauer	Ende
____ Uhr	____ Stunden →	____ Uhr
____ Uhr	____ Stunden →	____ Uhr
____ Uhr	____ Stunden →	____ Uhr
____ Uhr	____ Stunden →	____ Uhr

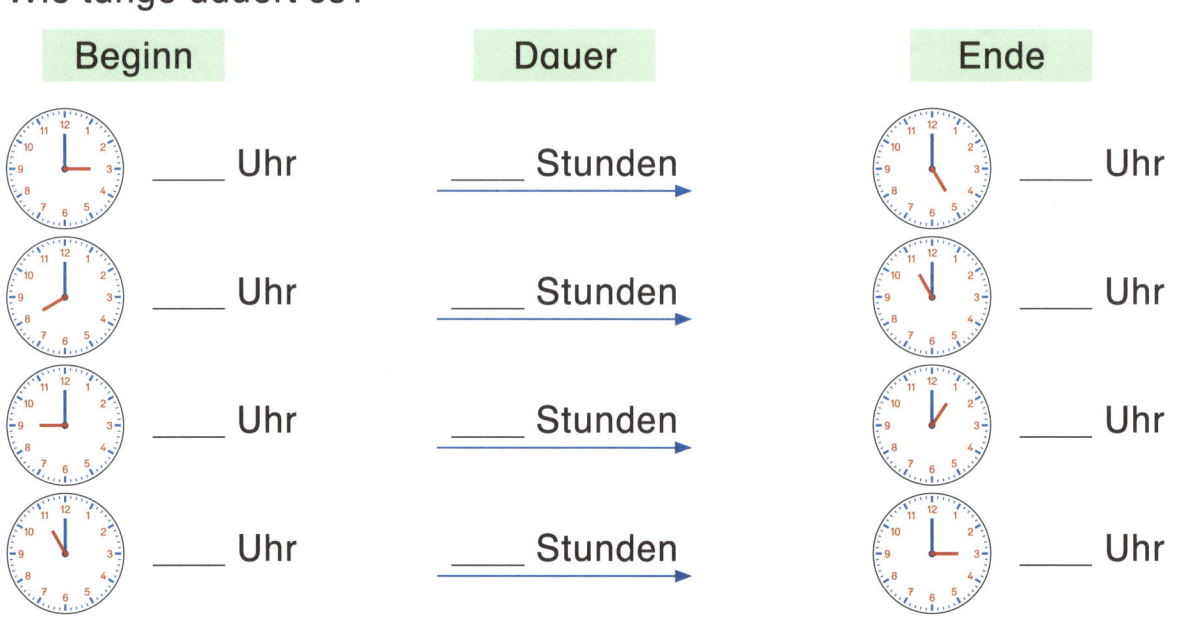

Jette in ihrer Freizeit

1 Tag hat 24 Stunden

4 Ergänze, was fehlt.

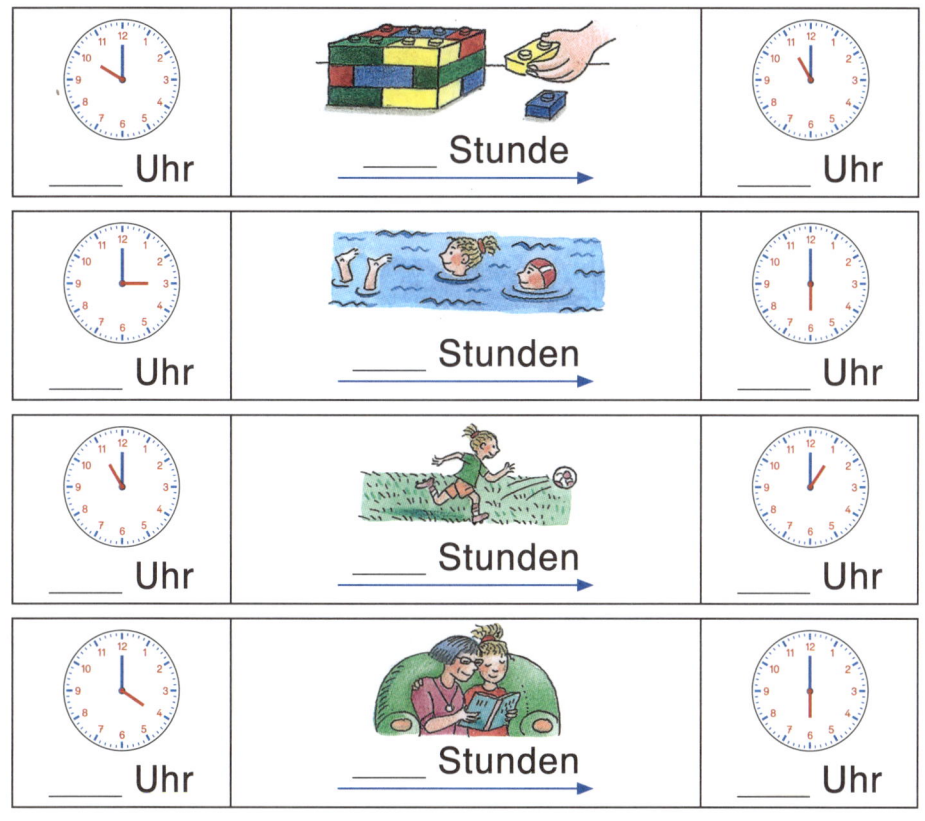

_____ Uhr   _____ Stunde   _____ Uhr

_____ Uhr   _____ Stunden   _____ Uhr

_____ Uhr   _____ Stunden   _____ Uhr

_____ Uhr   _____ Stunden   _____ Uhr

Wenn ich Spaß habe, vergeht die Zeit viel schneller.

5 Ergänze, was fehlt.

Beginn	Dauer	Ende
_____ Uhr	_____ Stunden	_____ Uhr
_____ Uhr	3 Stunden	_____ Uhr
_____ Uhr	4 Stunden	_____ Uhr
_____ Uhr	10 Stunden	_____ Uhr

6 Fredos Freizeit

_____ Uhr   4 Stunden   _____ Uhr

nach rechts
nach links
geradeaus

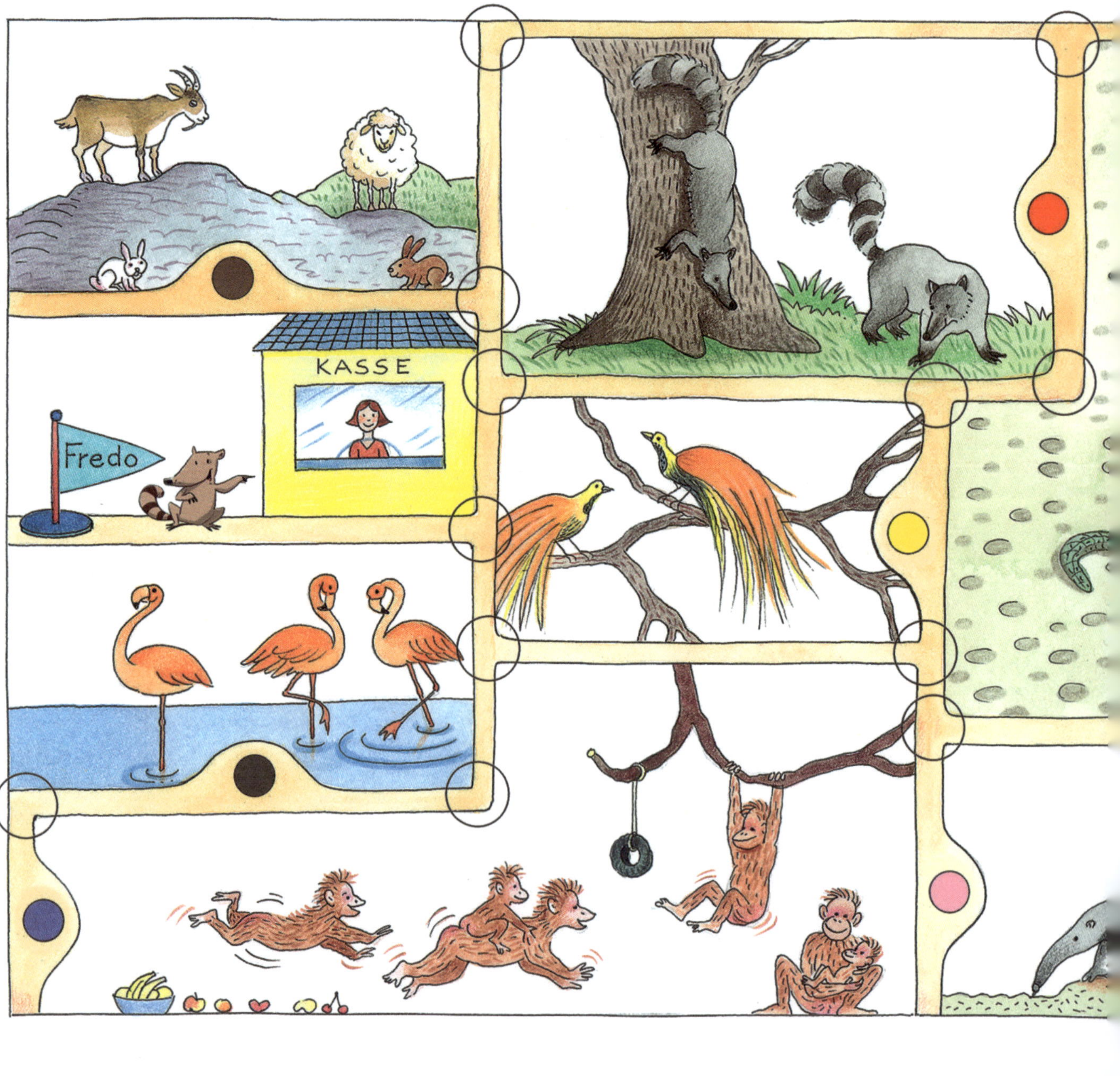

1 Zeige und erzähle: Wohin geht Fredo?
Male die Kreise in der richtigen Farbe an.

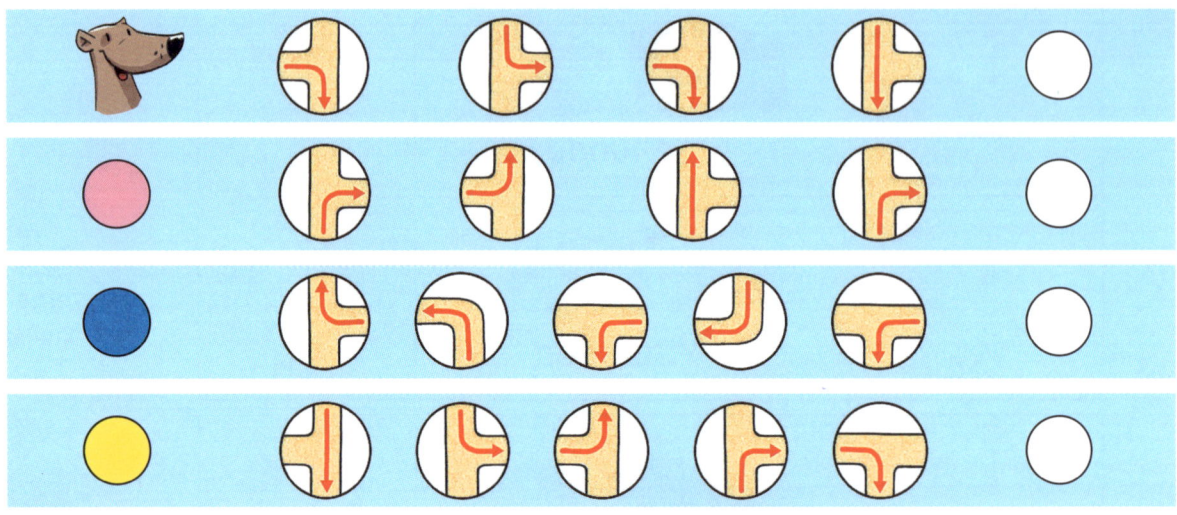

2 Wie muss Fredo gehen? Zeichne die Pfeile ein.

Überlege dir eigene Wege, z. B.:

Beilage zum Schülerbuch: Richtungspfeile

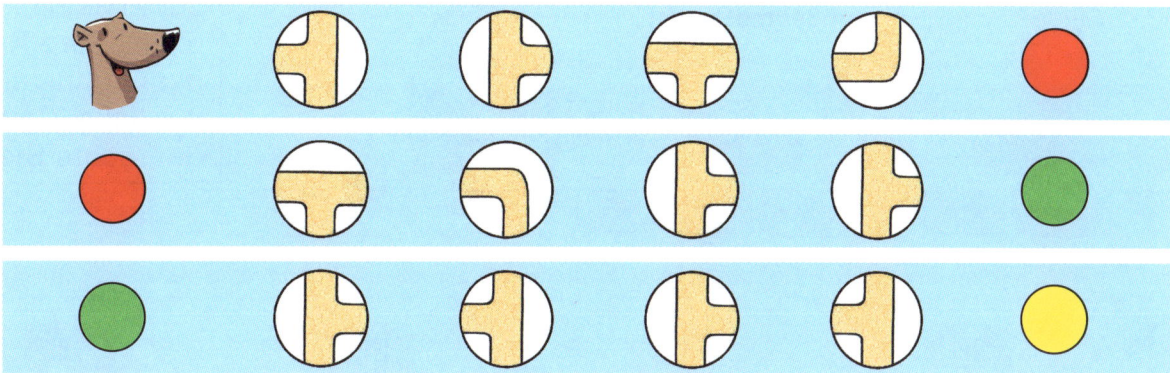

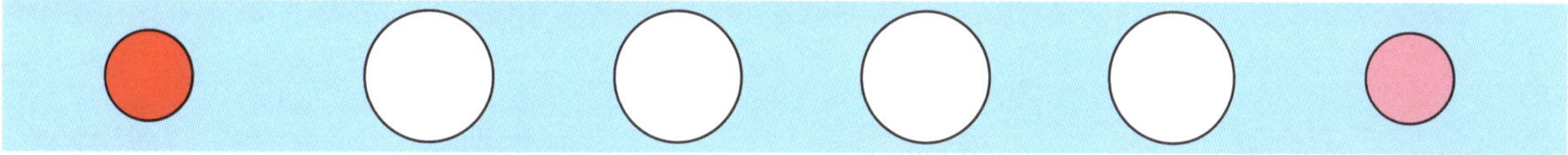

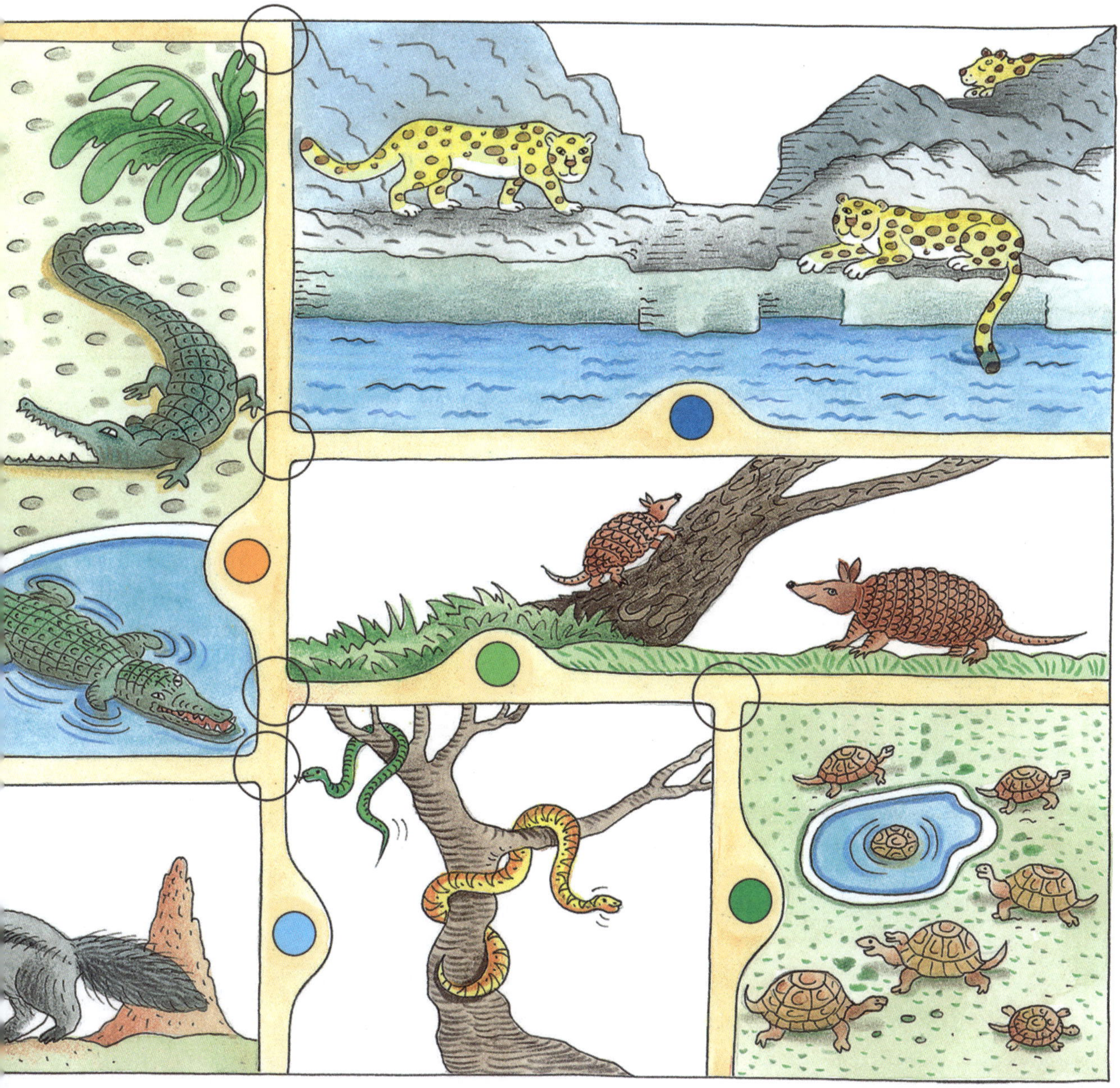

Ich kann die Rechenmauer größer machen.

11
5 6

11
5 6 3   9   20

der Zielstein
die mittlere Reihe
der Grundstein
der linke Stein
der rechte Stein

1

| 14 | 16 | 20 | 16 |
| 4 3 4 | 3 4 5 | 10 4 2 | 8 2 4 |

2

| 4 2 9 | 5 3 2 | 2 7 4 | 3 1 6 |

3

| 4 5 3 | 5 5 3 | 6 5 3 | 7 5 3 |

Was fällt dir auf? Erkläre.

4

| 16 / 9 / 6 | 14 / 6 / 5 | 18 / 7 / 6 | 10 / 4 3 |

| 8 9 / 4 | 12 / 5 / 1 | 15 / 6 / 2 | 11 / 4 / 5 |

Kontrolliere: Rechne von unten nach oben.

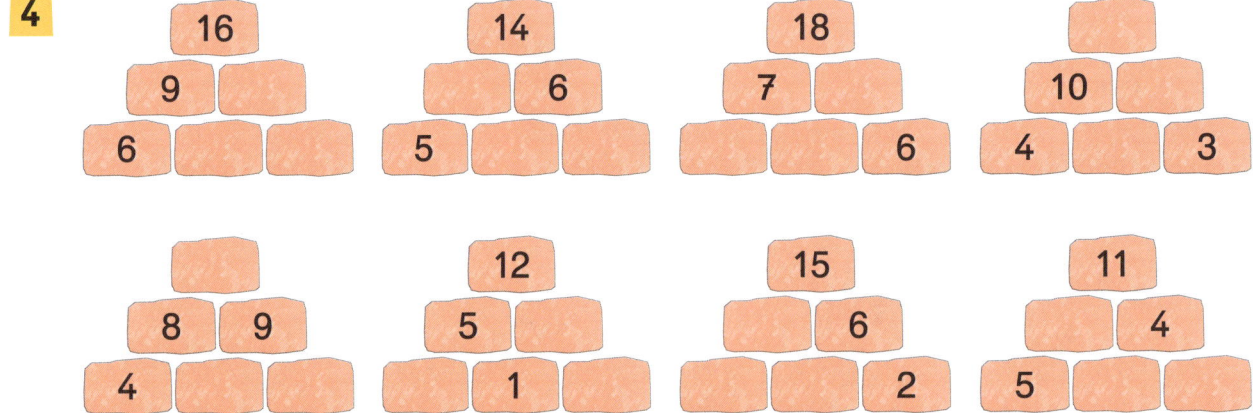

Finde selbst Rechenmauern.

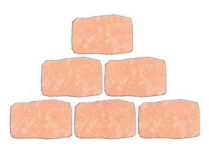 

 1 Spielt das Spiel „Mauerkönig".

2 Setze die Zahlen so ein, dass du gewinnst.

3 Baue verschiedene Mauern mit den Grundsteinen .
Vergleiche die Mauern.

4 Knobelmauern: Probiere.

Rechendreiecke 2

AH S. 75 FH S. 91

Wie verteile ich die Würfel?
5

die Innenzahl
die Außenzahl
das Ergebnis
oberes Feld
linkes Feld
rechtes Feld

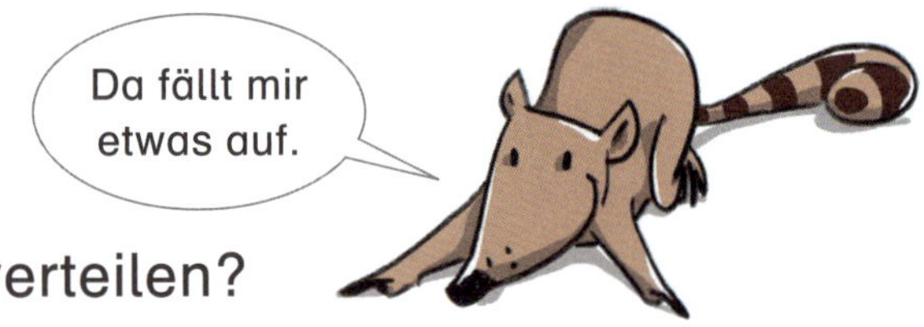

Da fällt mir etwas auf.

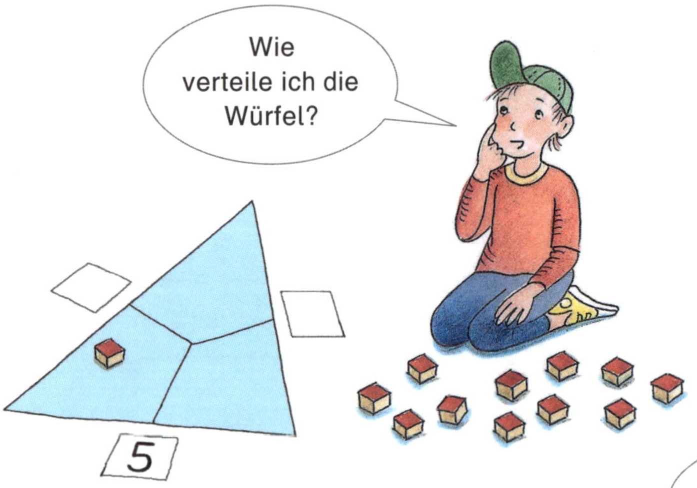

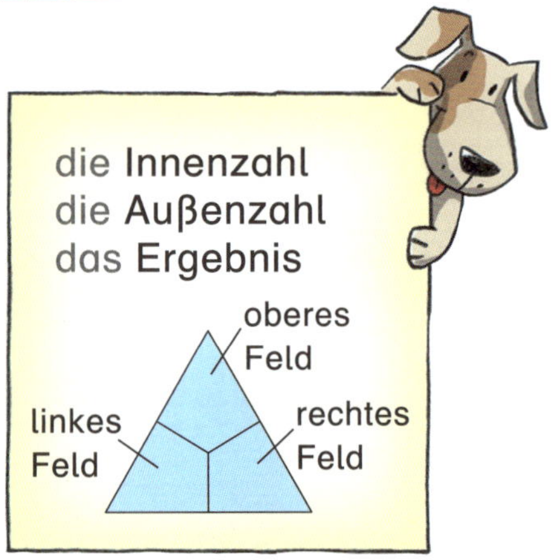

1 Wie kann Justus die 12 Würfel noch verteilen?

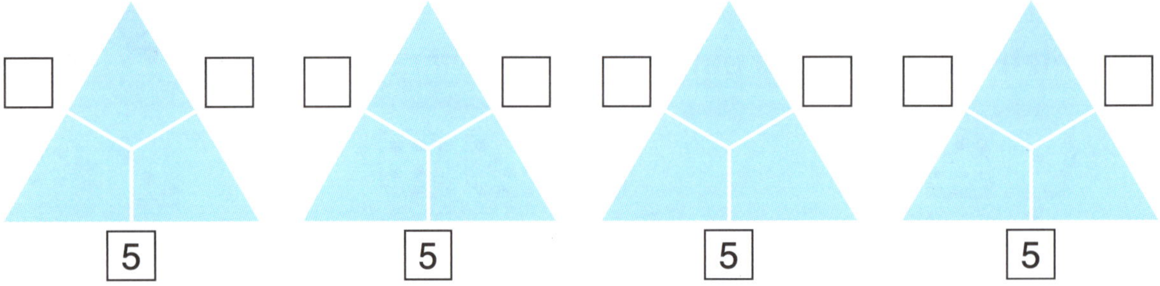

5
5
5
5

2 Hier fehlen Würfel. Zusammen sind es immer 15 Würfel.
Lege und rechne.

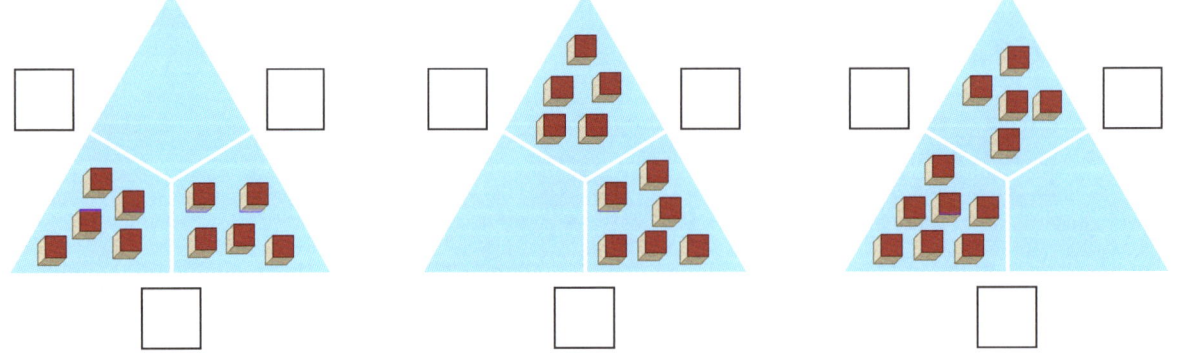

3 Zusammen sind es immer 15 Würfel. Rechne.

6
7
12
6
4
11
8
15

S. 128: Großes Rechendreieck

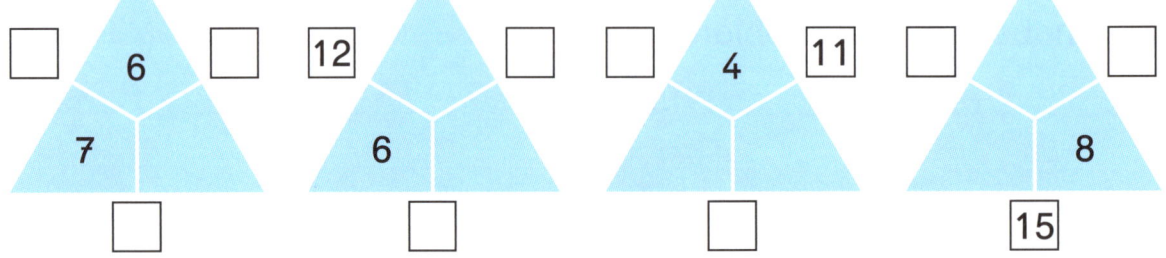

4 Zusammen sind es immer 15 Würfel. Probiere.

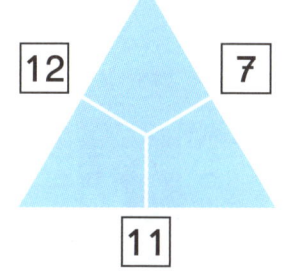

8   14

8

12   7

11

6   9

15

5 Zähle die roten Innenzahlen zusammen.
Zähle die blauen Außenzahlen zusammen. Was fällt dir auf?

$5 + 2 + 3 = \_\_\_\_$ $4 + \_\_ + \_\_ = \_\_\_\_$ $\_\_ + \_\_ + \_\_ = \_\_\_\_$

$7 + 5 + 8 = \_\_\_\_$ $6 + \_\_ + \_\_ = \_\_\_\_$ $\_\_ + \_\_ + \_\_ = \_\_\_\_$

7   5   8
2   3
5

6   4   7
2   3
5

5   4   7
1   3
4

6 Probiere mit 10 Würfeln.

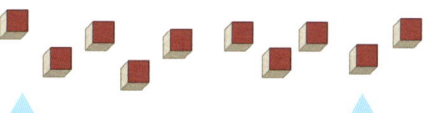

10   6
4

9   6
5

7   ☐
6

Ich weiß, welche Zahl hier hin muss.

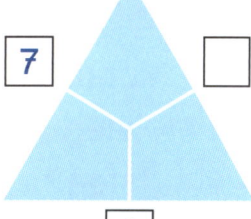

7 Trage die sechs Zahlen passend ein.

2
3
5
6
8
9

☐   ☐
☐

5
7
12
13
18
20

☐   ☐
☐

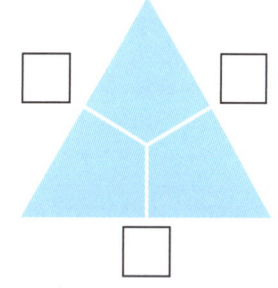

📓 Erfinde eigene Aufgaben zum Rechendreieck.

Januar Februar März April Mai Juni

Geburtstagsmonate der 1b

J F M A M J J A S O N D

Juli August September Oktober November Dezember

das Säulendiagramm
die Säule
mehr
weniger
gleich viele

1 Justus und Jette erstellen mit ihrer Klasse ein Schaubild.
Beantworte die folgenden Fragen dazu:

In welchem Monat haben die meisten Kinder Geburtstag?

In welchen Monaten hat kein Kind Geburtstag?

Wie viele Kinder sind in der Klasse 1b?

In welchen Monaten haben gleich viele Kinder Geburtstag?

2 Erstellt gemeinsam in eurer Klasse ein Schaubild
zum Beispiel zu euren Geburtstagen, Haustieren, Hobbys …

Stellt euch Fragen zu eurem Schaubild.

3 So alt sind die Kinder in der Klasse von Justus und Jette.

	🎂	🎂	🎂
👧	IIII	⊬⊬⊬ III	I
👦	⊬⊬⊬	⊬⊬⊬ I	I

Wie viele 👧 sind 6 Jahre alt? _____

Wie viele 👦 sind 7 Jahre alt? _____

Wie viele 👧 👦 sind 6 Jahre alt? _____

Wie viele 👦 sind 8 Jahre alt? _____

Wie viele 👧 👦 sind 7 Jahre alt? _____

Wie viele 👧 sind in der Klasse? _____

Wie viele 👦 sind in der Klasse? _____

die Tabelle
die Strichliste

4 Wie alt sind die Kinder in eurer Klasse?
Erstellt gemeinsam eine Tabelle an der Tafel.

	6 Jahre	7 Jahre	8 Jahre
😊 M			
😊 J			

Stellt euch Fragen zu eurer Tabelle wie bei Aufgabe 3.

 1 Wie viel Geld bekommt Jette zurück?

bezahlen
das Rückgeld

2 Wie viel Geld bekommen die Kinder zurück?
Wie rechnest du?

	hat	kauft	bekommt zurück
Jana	10 €	____	____ €
Emilio	____ €	____	____ €
Tobi	____ €	____	____ €
Olga	____ €	____	____ €

3 Rechne.

Bekommst du Taschengeld? Was kaufst du dir davon?

	hat	kauft		bekommt zurück
Jana	___ €	5	3	___ €
		___ €		
Emilio	___ €	___	___	___ €
		___ €		
Tobi	___ €	___	___	___ €
		___ €		

4 Rechne und male.

Olga	___ €	___ ___ €	1 €
Kim	___ €	___ ___ €	2 €

Male und rechne:

▶ Du hast 20 € und kaufst ein. Wie viel Euro bekommst du zurück?

▶ Du bekommst 3 € zurück. Was hast du gekauft?

Wie viel Euro hattest du am Anfang?

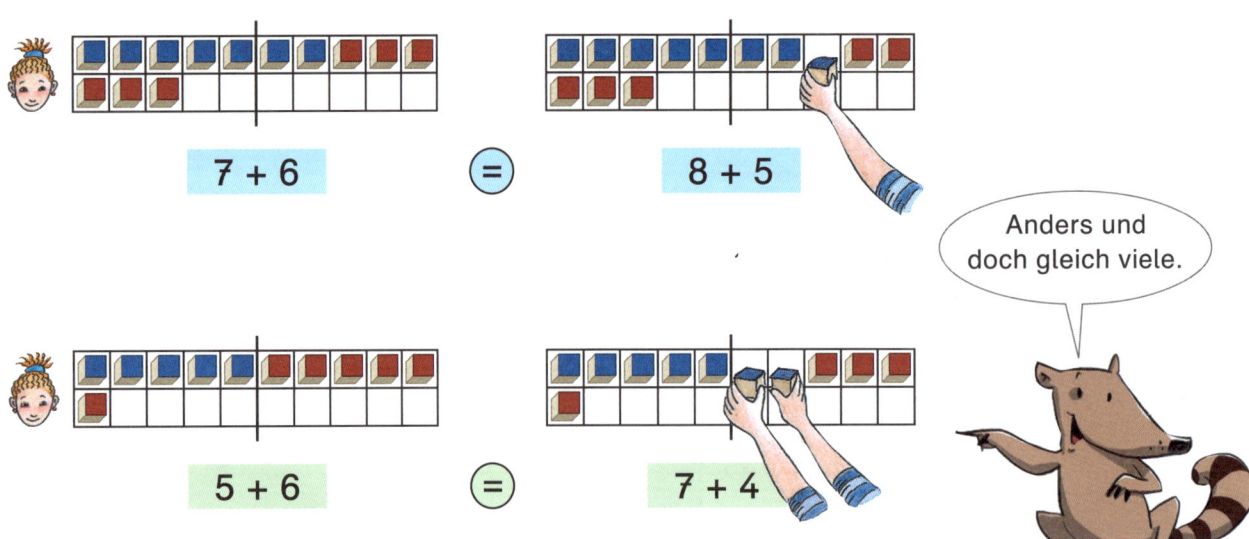

7 + 6   =   8 + 5

Anders und doch gleich viele.

5 + 6   =   7 + 4

1 Legt wie Jette und Justus. Schreibt auf.

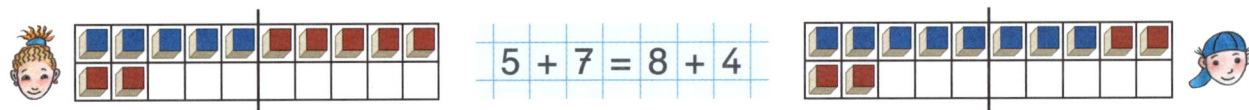

5 + 7 = 8 + 4

2 Sind beide Seiten gleich? Kontrolliere.

4	+	7	=	8	+	4	f
5	+	6	=	7	+	4	✓
8	+	5	=	6	+	8	
8	+	7	=	9	+	6	
3	+	7	=	4	+	6	
6	+	6	=	7	+	5	
8	+	9	=	7	+	8	
9	+	5	=	6	+	8	

3 Ergänze die fehlenden Zahlen.

6	+	8	=	7	+	
5	+	7	=		+	8
4	+	8	=	5	+	
7	+		=	6	+	4
	+	3	=	4	+	2
5	+		=	7	+	5
	+	3	=	4	+	8
9	+		=	8	+	5

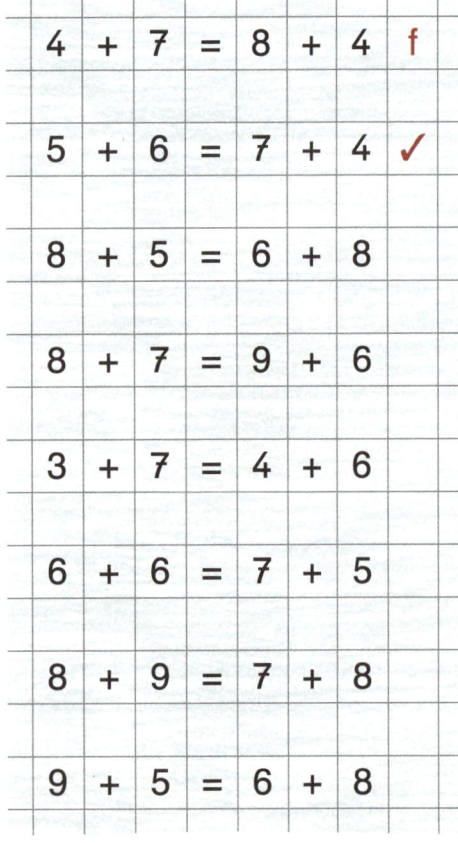

Wie viele Aufgaben findest du? Schreibe sie auf.   8 + 5 = __ + __

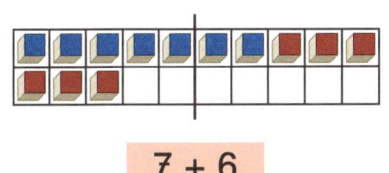   7 + 6   <   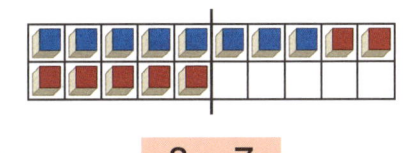   8 + 7

Ich sehe sofort, wo mehr oder weniger sind.

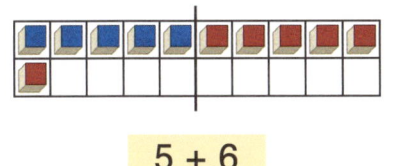   5 + 6   >   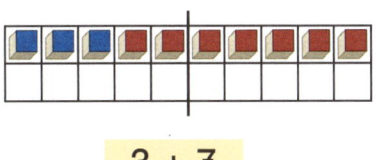   3 + 7

1 Lege und vergleiche: > oder <?

3 + 4 ◯ 2 + 4   9 + 2 ◯ 9 + 1   9 + 0 ◯ 10 + 0

3 + 4 ◯ 4 + 4   8 + 2 ◯ 8 + 3   6 + 4 ◯ 4 + 5

Hier muss ich nicht rechnen.

2 Vergleiche: > oder <?

8 + 0 ◯ 6 + 1   5 + 5 ◯ 4 + 5   9 + 2 ◯ 10 + 0

7 + 4 ◯ 7 + 5   6 + 6 ◯ 6 + 7   13 + 4 ◯ 15 + 1

6 + 7 ◯ 6 + 8   7 + 7 ◯ 8 + 8   0 + 7 ◯ 9 + 4

6 + 9 ◯ 5 + 9   1 + 9 ◯ 5 + 9   6 + 7 ◯ 8 + 6

3 Welche Zahlen passen? Färbe passende Kärtchen.

| 1 | 2 | 3 | 4 | 5 |
6 + 4 > 6 + ☐

| 1 | 2 | 3 | 4 | 5 |
7 + 5 < 10 + ☐

| 1 | 2 | 3 | 4 | 5 |
9 + ☐ > 10 + 1

| 1 | 2 | 3 | 4 | 5 |
5 + 6 > ☐ + 8

| 1 | 2 | 3 | 4 | 5 |
12 + 6 < ☐ + 15

| 1 | 2 | 3 | 4 | 5 |
☐ + 2 < 5 + 0

 Finde selbst Aufgaben zu <, =, >.

1 Baue 3er-Türme. Nimm diese Farben: .
Finde alle Möglichkeiten.

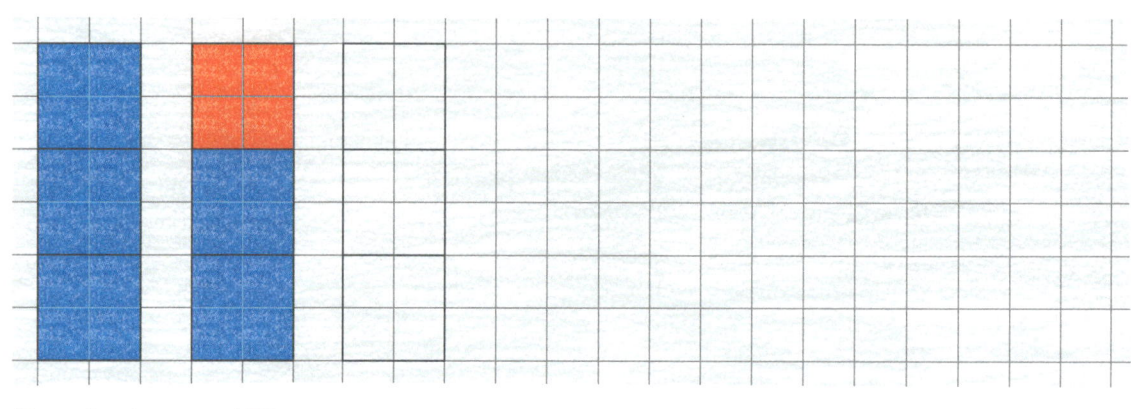

Es sind _____ Türme.

2 Baue 2er-Türme mit 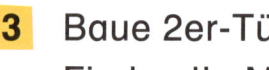.
Finde alle Möglichkeiten.

3 Baue 2er-Türme mit .
Finde alle Möglichkeiten.

Suche dir eine Aufgabe aus:

Baue 3er-Türme mit ▯▯▯.
Finde viele verschiedene
Möglichkeiten. Zeichne sie auf.

Baue 4er-Türme mit ▯▯.
Finde viele verschiedene
Möglichkeiten. Zeichne sie auf.

Alles Zufall?

1 Was vermutest du? Begründe deine Meinung.

2 Würfle mit einem Holzwürfel mindestens 20-mal.
Erstelle eine Strichliste.

der Zufall
am häufigsten
am seltensten

Welche Farbe hast du am häufigsten gewürfelt?

Vergleicht eure Ergebnisse. Was fällt euch auf?

3 Würfle mit zwei Holzwürfeln mindestens 20-mal.
Erstelle eine Strichliste.

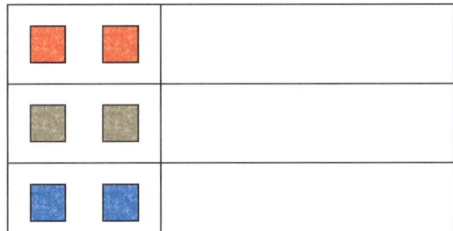

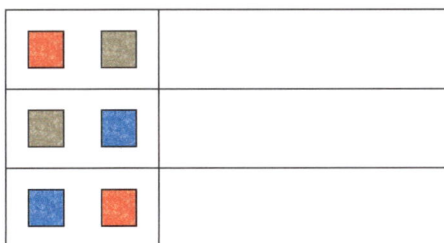

Welche Farbkombination hast du am häufigsten gewürfelt?

Vergleicht eure Ergebnisse.

4 Erkläre die Ergebnisse von Aufgabe 2 und 3.

1 Welche Rechenfrage passt? Kreuze an und rechne.

Justus nimmt 7 Spiele mit. Jette packt 3 Spiele ein.
- [ ] Wie viele Spiele haben sie zusammen?
- [ ] Wie viele Spiele lassen sie daheim?

In Jettes Rucksack sind 4 Brote.
Bei der ersten Pause isst sie 2 Brote.
- [ ] Wie viele Brote hat Jette noch?
- [ ] Wie viele Brote hat Justus noch?

2 Welche Rechenfrage passt? Kreuze an und rechne.

Jette packt 8 CDs ein. Justus nimmt 5 CDs mehr mit als Jette.
- [ ] Wie viele CDs nehmen die Eltern mit?
- [ ] Wie viele CDs nimmt Justus mit?

Jette und Justus zählen Autos: 3 blaue, 9 silberne, 2 gelbe und 4 schwarze.
- [ ] Wie viele Autos sind grün?
- [ ] Wie viele Autos zählen sie insgesamt?

120

3 Beantworte alle Fragen. Rechne, wenn nötig.

Am Strand spielen Kinder. 6 Kinder bauen eine Sandburg.
7 Kinder spielen Ball.
Wie viele Kinder bauen eine Sandburg? _____
Wie viele Kinder spielen am Strand? _____

4 Möwen fliegen weg. Auf dem Felsen sitzen noch 13 Möwen.
Wie viele Möwen fliegen weg? _____
Wie viele Möwen waren es am Anfang? _____

Im Wasser sind 8 Boote. 5 Boote liegen am Strand.
Wie viele Boote sind es insgesamt? _____
Wie viele Boote sind im Wasser? _____

Justus und Jette sammeln Muscheln. Jette hat 14 im Eimer.
Justus hat 5 Muscheln mehr.
Wie viele Muscheln hat Jette? _____
Wie viele Muscheln hat Justus? _____

2 Kinder suchen Steine. Anna findet 16 Steine.
Tom hat nur halb so viele.
Wie viele Steine findet Anna? _____
Wie viele Steine hat Tom? _____
Wie viele Steine haben sie zusammen? _____

Schreibe eigene Geschichten und Rechenfragen.

Tretboot   20 Minuten   4 €
     1 Stunde   8 €

Ruderboot   20 Minuten   7 €
     1 Stunde   14 €

1 Kugel Eis	1 €
Muffin	2 €
Bratwurst	3 €
Pizza	4 €
Wasser	1 €
Saft	2 €

Vergleiche deine Antwort immer mit der Frage und dem Bild.

1 Du verbringst einen Tag am Strand.
Du hast 5 €. Was kaufst du dir?

2

Frage: Wie viel Euro muss Kim bezahlen?

Rechnung: ____ € + ____ € = ____ €

Antwort: Kim muss ____ € bezahlen.

3

Frage: Wie viel Euro muss Pia bezahlen?

Rechnung: _____

Antwort: Pia muss ____ € bezahlen.

4

Frage: Wie viel Euro bekommt Olga zurück?

Rechnung: _____

Antwort: Olga bekommt ____ € zurück.

5

Frage: Wie viel Euro bekommt Luis zurück?

Rechnung: _____

_____

Antwort: Luis bekommt ____ € zurück.

6

Frage: Wie viel Euro bekommt Ben zurück?

Rechnung: _____

_____

Antwort: Ben bekommt ____ € zurück.

7

Wir wollen 2 Stunden Tretboot fahren.

Frage: Reicht das Geld?

Rechnung: _____

_____

Antwort: _____

8

Eis 🍦	
1 Kugel	1 €
2 Kugeln	____ €
3 Kugeln	____ €
4 Kugeln	____ €
5 Kugeln	____ €

9

Saft	
1 Saft	2 €
2 Säfte	____ €
3 Säfte	____ €
4 Säfte	____ €
5 Säfte	____ €

10

Wasserball 🏐	
1 Ball	____ €
2 Bälle	8 €
3 Bälle	____ €
4 Bälle	____ €
5 Bälle	____ €

Mathematische Inhaltsübersicht

Rechenzeichen

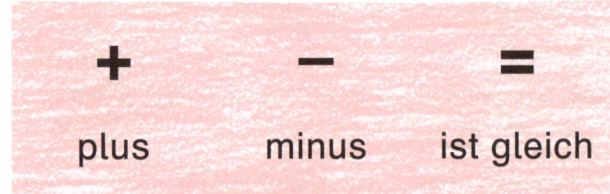

+	–	=
plus	minus	ist gleich

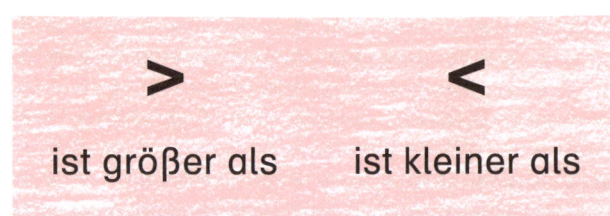

>	<
ist größer als	ist kleiner als

Rechenwege

| Verdopplungs-aufgaben | Mit der 10 | Partner-aufgaben | Zur 10 und dann weiter | Ergänzen |

Verdopplungsaufgaben

$8 + 9 = $ ____
$8 + 8 + 1 = 17$

Mit der 10

$8 + 9 = $ ____
$8 + 10 - 1 = 17$

$14 - 9 = $ __
$14 - 10 + 1 = 5$

Partneraufgaben

$5 + \quad 8 \quad = $ ____
$5 + 5 + 3 = 13$

Zur 10 und dann weiter

$14 - \quad 5 \quad = $ __
$14 - 4 - 1 = 9$

Ergänzen

$11 - 8 = $ __
$8 + \underline{3} = 11$

Wichtige Aufgaben

Plusaufgaben

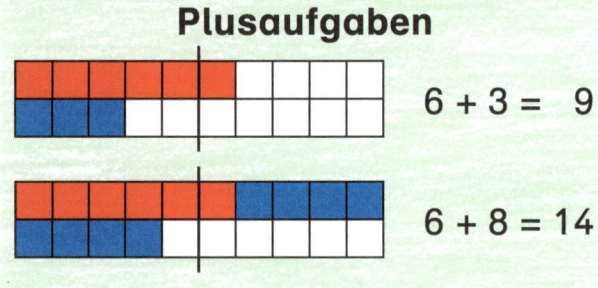

$6 + 3 = \quad 9$

$6 + 8 = 14$

Minusaufgaben

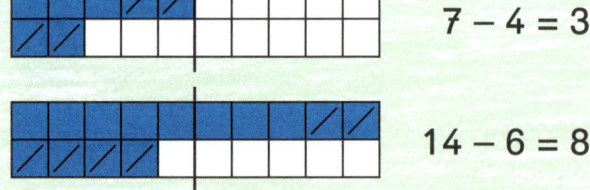

$7 - 4 = 3$

$14 - 6 = 8$

Tauschaufgaben

Die Zahlen werden getauscht,
das Ergebnis bleibt gleich.

$3 + 4 = 7$
$4 + 3 = 7$

Umkehraufgaben

Plusaufgabe/Minusaufgabe
das Rechenzeichen wechselt

$5 + 3 = 8$ $7 - 3 = 4$
$8 - 3 = 5$ $4 + 3 = 7$

Platzhalteraufgaben

$5 + $ __ $ = 9$ $8 - $ __ $ = 5$

Steht der Platzhalter am Anfang,
hilft dir die Umkehraufgabe.

__ $ + 2 = 8$ __ $ - 3 = 6$

$8 - 2 = $ __ $6 + 3 = $ __

Plustafel

1 + 1	1 + 2	1 + 3	1 + 4	1 + 5	1 + 6	1 + 7	1 + 8	1 + 9	1 + 10
2 + 1	2 + 2	2 + 3	2 + 4	2 + 5	2 + 6	2 + 7	2 + 8	2 + 9	2 + 10
3 + 1	3 + 2	3 + 3	3 + 4	3 + 5	3 + 6	3 + 7	3 + 8	3 + 9	3 + 10
4 + 1	4 + 2	4 + 3	4 + 4	4 + 5	4 + 6	4 + 7	4 + 8	4 + 9	4 + 10
5 + 1	5 + 2	5 + 3	5 + 4	5 + 5	5 + 6	5 + 7	5 + 8	5 + 9	5 + 10
6 + 1	6 + 2	6 + 3	6 + 4	6 + 5	6 + 6	6 + 7	6 + 8	6 + 9	6 + 10
7 + 1	7 + 2	7 + 3	7 + 4	7 + 5	7 + 6	7 + 7	7 + 8	7 + 9	7 + 10
8 + 1	8 + 2	8 + 3	8 + 4	8 + 5	8 + 6	8 + 7	8 + 8	8 + 9	8 + 10
9 + 1	9 + 2	9 + 3	9 + 4	9 + 5	9 + 6	9 + 7	9 + 8	9 + 9	9 + 10
10 + 1	10 + 2	10 + 3	10 + 4	10 + 5	10 + 6	10 + 7	10 + 8	10 + 9	10 + 10

■ Partneraufgaben:
zusammen 10

■ Verdopplungsaufgaben

■ Aufgaben mit + 10

■ Aufgaben mit 10 +

127

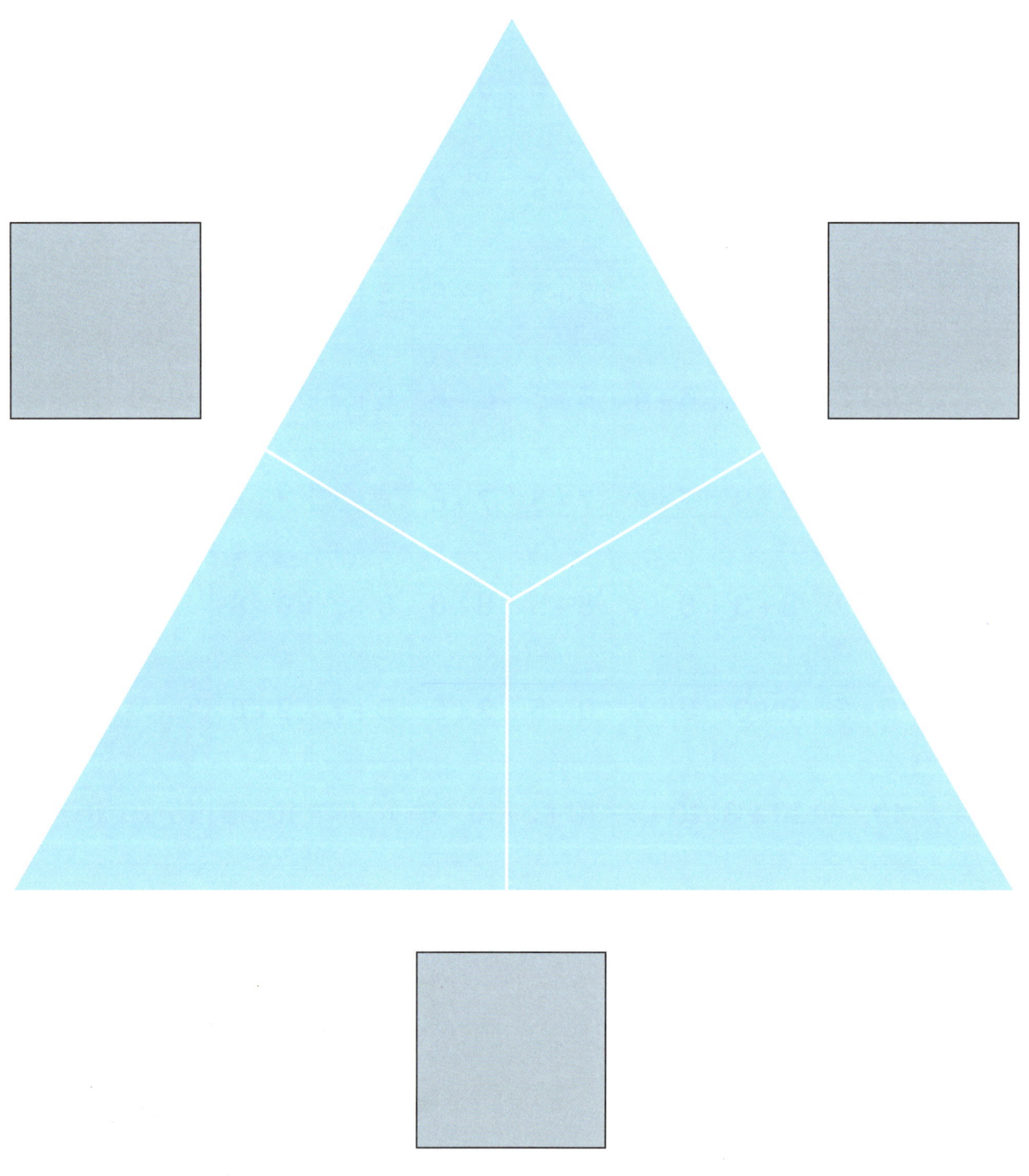